ブッダの教え一日一話

今を生きる366の智慧

アルボムッレ・スマナサーラ

PHP文庫

○本表紙図柄＝ロゼッタ・ストーン（大英博物館蔵）
○本表紙デザイン＋紋章＝上田晃郷

ブッダの教え
一日一話

——目次——

Namo Tassa Bhagavato Arahato
Sammā Sambuddhassa.

阿羅漢であり、正自覚者であり、
福運に満ちた世尊に、
私は敬礼したてまつる。

January

1月

Susukhaṃ vata jīvāma,
Ussukesu anussukā;
Ussukesu manassesu,
Viharāma anussukā.

あせって悩む世のなかで、
落ち着きを保って楽しく生きよう。
あせって悩む人々の中で、
落ち着いた人間として生きてゆこう。
（小部『ダンマパダ』199）

1日　生きるとはとても単純なこと

生きるとは、複雑なようであって、じつはとても単純です。歩いたり座ったり喋《しゃべ》ったり、寝たり起きたり。それ以外、特別なことは何もありません。

この単純さを認めないことが、苦しみのもとなのです。この単純さ以外に、何か人間を背後から支配している「宇宙の神秘」のようなものがあると思うのは、妄想です。

人生とはいとも簡単に、自分で管理できるものなのです。

2日 いまの行為を喜べば

新入社員のときは苦しい。しかし、中堅になればなったで責任があって苦しい。

出世しても、次の世代を育てるのは苦しい。退職したら、「今日は何をしようか」と退屈で苦しい。

老いて、体が動かなくなれば苦しい。病気になれば苦しい。死ぬのは苦しい。

このように、生きること自体は、決して楽ではありません。苦しいのです。そう覚悟するしかありません。

だから大切なのは将来ではなく、「いま」の行為に充実感と喜びを感じられるか否か、ということなのです。

3日 有意義な苦を選ぶ

苦しいからといって、何かをやめるのは、苦しみから逃れる道ではありません。

友達にいじめられて、学校に行くのが苦しい。そのとき「学校に行かない」というのが答えではありません。

学校に行かずに、家にじっとしているのも、なおさら苦しいのです。どちらでも、同じ苦しみがあるということを知る必要があります。

さまざまな苦しみのなかから、自分にとって有意義な苦しみを選びましょう。

4日 先は楽ではない

勉強も仕事も子育ても、大変だ、苦しいのだと感じる人がいる。そのとき、いま苦しくても先は楽だと思って頑張《がんば》るのです。

しかし、先は楽でしょうか。勉強は苦しいと思った人は、それを終えて仕事をすることになったら、勉強よりも仕事のほうが苦しいということを実感するのです。ですから、歳を経《へ》ると「昔はよかった」という人間になるのです。

我々は「先の楽」というニンジンに惹《ひ》かれるのではなく、一つひとつの問題を解決することを楽しみにすれば、「いまは楽しい」という人生を過ごせるのです。

5日 障害を乗り越えるゲーム

人生を、「障害を乗り越えるゲーム」ととらえましょう。

ゲームのおもしろさは、勝つことよりも、障害を一つひとつ乗り越えていく過程にあります。

人生はすでにスタートしています。もう引き返せません。どんな人間でも死ぬ、そこがゴールです。

そこに到るまで、さまざまな障害があります。その一つひとつに挑戦して、創意工夫で乗り越える過程が、このゲームの醍醐味《だいごみ》なのです。

6日 東西南北から山が迫ってくる

この人生は、東西南北から灼熱の溶岩を吹きあげる山が迫ってくるようなものです。四方から迫ってくるので、逃げようがありません。

では、どうしたらよいのでしょうか。

私たちにできることは、心を清らかにすることしかないのです。

東西南北から迫ってくる山というのは、「生老病死」のことです。

生老病死は、「待ったなし」なのです。寸時もふざけている暇はありません。

7日 苦しみの質が変わるだけ

歩いている人は、自転車のほうがいいと思います。自転車の人はオートバイ。オートバイの人は車。普通車の人は、より豪華な車のほうがいいと感じることでしょう。

しかし、どちらにしても、それぞれの苦しみがあるのです。苦しみの質が変わるだけです。もしかすると、苦しみの量はさらに増えるかもしれません。

歩いている人にはない問題が、車に乗っている人に起こるのです。駐車場の確保から、交通違反やら、維持費やら、歩く人以上に苦しみがともなうのです。

8日　苦のもとは、「嫌だ」と思うこと

「苦」とは、パーリ語の「ドゥッカ」という言葉を訳したもので「思うがままにならない」という意味です。

苦のもとは、たったひとことで言えば、「嫌《いや》だ」と思うことです。「嫌だ」と思った瞬間に、さらなる苦が生まれてくる。「嫌だ」という思いから、あらゆる問題をつくってしまうのです。

この嫌だと思う気持ちと向きあうところから、解脱《げだつ》への道が始まるのです。

9日 苦から苦への引っ越し

幸福の追及だと思ってやっていることは、Ａという苦しみに耐えられなくなって、Ｂという苦しみへ「引っ越し」することなのです。Ｂが苦しみだとわかると、こんどはＣに引っ越すのです。

あげくのはてに、死後、天国や浄土に行きたいと願うのは、そこには現世よりも、よい感覚があると思っているからです。

しかし、天国に行くことさえも、「苦から苦への引っ越し」に過ぎないと、ブッダは説《と》かれるのです。

10日 苦の発見者が苦を乗り越える

すべての生命は、苦からどうやって逃げようかと必死です。でも、いくら苦から逃げ続けても、安定した楽に達することはできません。生きることが苦、だからです。

苦から楽へ逃げたつもりで、実際は「苦から別の苦へ」と逃げているのです。だから当然、また他所《よそ》へ逃げることになる。

私たちは瞬間たりとも「苦」から離れられません。しかしこの事実を否定して、「たまたま苦だ」と思いこんでいるのです。「生きるとは苦なり」と発見したブッダだけが、すべての生命に「苦を乗り越える」道を示すことができたのです。

11日 苦しみが消えるとき

いままであった苦しみがさっと消える瞬間に、「気分がいい」と感じます。

立っていて疲れた人が、座った瞬間に楽しみを感じる。立つという苦の原因が消えたことで苦しみが消えます。苦しみが消えた瞬間に、楽しみを感じるのです。

お腹が空いた人には、一口目がとてもおいしい。口にした瞬間、空腹感という苦しみが消えるからです。

苦しみというものは、原因が消えたら、瞬時に消えるのです。苦しみが消えることがすなわち楽であり、幸福感の正体です。

14日　何を得た、何を成し遂げた

しっかりがんばってあらゆることに挑戦し、成功して大会社の社長になったとしても、奴隷のように働いただけなのです。

株式会社になればなったで、自分の手から離れていく。会社が大きくなっても、歳をとれば自然と自分の手から離れていく。

そして死ぬとき、自分が何も得ていないことに気づくと、人生は悔《くや》しいのです。

じつのところ、「何を得た」とか「何を成し遂げた」とか、「どういう評価があるか」など、自分の幸せと関係ないのです。

大切なことは、その都度《つど》その都度、やるべきことをしっかりやることなのです。

15日 すぐれた道とは

勝ち負けを争うのではなく、勝ち負けを超越した道をさがすことが大切です。

すぐれた道とは、それぞれが「自分の能力を発揮《はっき》する」道です。それによって、争うことなく、自分に適した世界が開かれていくのです。

他人と競争して勝ち取ろうという気持ちでいると、自分の能力は劣化するのです。

他人と関係なく、自分の能力を思う存分活《い》かすことです。

16日 それぞれが自分の力を出しきる

勝ち負けを競わないということは、それぞれが悔いなく自分の力を出しきるということです。

運動会の競走で言えば、一等になった人は、勝ったのではありません。それは、自分の能力を発揮したのです。

最下位の人は、負けたのではありません。その人なりの、自分の能力を発揮したということなのです。

17日

「かぶりもの」をさがし求める

人は、よい「かぶりもの」をさがすことに必死になっています。

世間で認められた学校や評価される会社に入りたいとか、社会的な地位を得たいとか、そういうことで必死なのです。

安定した「かぶりもの」をかぶって、安心したいのです。「かぶりもの」を自分のアイデンティティにしているのです。

だから「かぶりもの」に徹底的に執着するのです。

「かぶりもの」で隠したがる自分を発見するべきではないでしょうか。

18日 かぶりものを入れ替える

大会社の社員になると、会社のために生きて、その肩書きが自分自身だと勘違いしがちです。その「かぶりもの」が自分自身だと思って、はずせなくなるのです。

多くの人は、「かぶりもの」を次から次へと入れ替えます。会社の「かぶりもの」、家庭の「かぶりもの」、友達のまえでは友達の「かぶりもの」、とその都度、適当に「かぶりもの」を選ぶのです。

上手に「かぶりもの」を入れ替えられる人は、「自分」とはその都度入れ替わる代物《しろもの》に過ぎないことに、かすかに気づいているのです。

19日 捨てる

外にみえている立派なかぶりものに、だまされてはいけません。

大会社の社長とか一流大学の教授と名のると、立派な人格者だと思われます。しかし、それらは所詮《じょせん》かぶりもので、中身は普通の人間かもしれません。

人間に必要なことは、外のかぶりものではなく、内の心の清らかさです。心の清らかさとは、嫉妬《しっと》・憎しみ・怒り・貪《むさぼ》りなどで心が汚れていないことです。

仏教は、「捨てなさい」と言いますが、それは「かぶりものへの執着を捨てなさい」ということなのです。

20日 何も知らないまま死ぬはめに

宇宙の成り立ち、魂の存在、永遠の天国、極楽浄土、生命の誕生など、探求したくてたまらない課題はいくらでもあることでしょう。

だがそれらには、けっして答えはありません。

いくら探求しても、何も知らないまま、死ぬはめになるのです。

そのようなものよりも、自分が生きているのだから、「生きるとは何か」を探求するならば、その道を一歩でも歩んだ瞬間から、人生の役に立つのです。

21日 ノーマルライフ

シンプルライフというのは、そうでない生き方のおかげで成り立っているのです。

ファーストライフが悪いのだったら、スローライフも悪いのです。

私たちに必要なのは、ノーマルライフなのです。何かを敵にして対立する生き方ではないのです。

焦《あせ》ることもなく、止まることもなく、自然に流れるような生き方がすばらしいのです。

24日 問題ばかりの原因

この世の中は、問題ばかりです。

それは、特別なことをしたので、そうなったわけではありません。普通に生きている結果なのです。

あらゆる問題は、「自分自身に気づかないで生きている」から起こるのです。

私たちにできることは、自分自身に気づいて生きることです。自分自身に気づいて生きていると、問題が起こりそうな瞬間がよくみえます。

そうなると、あらゆる問題もなくなるでしょう。

25日 自分を知り尽くす

人間のことなら、何でも知り尽くしたほうがいいのです。
それは、意外と簡単です。
あなたは人間の一人です。
自分のことを知り尽くしてください。
自分を知り尽くせば、人間について何でも知る人になります。

28日 死を念じていく

葬儀に参列して、故人が安らかに天国に行けますようにと祈るとき、死ぬことは自分には関係ない他人事だと思っています。

けれども、「自分もこのように死ぬのだ」と念ずるようにすると、確実な変化が訪れます。

「死ぬのがこわい、どうしよう」という不安や恐れはなくなってくるのです。

死というものは、当然の理《ことわり》であって、大したことではないとわかってきます。

すると、人とも争わなくなります。

29日 幸福になる道も幸福

幸福になる道があるとします。

それが苦しい道なら歩む気はしませんし、「はたして幸福になるのだろうか」と、心配になります。

幸福になる道ならば、その道を歩むこと自体が幸福でなくてはなりません。

お金持ちになる道を歩んでいるうちにお金がなくなるのなら心配です。歩み出したときから少しずつ儲《もう》かれば、「これはお金持ちになる道だ」とはっきりします。

したがって、幸福になる道も、幸福でなければいけません。

30日 豊作でも凶作でも

仏教の考え方は、「どんなときでも幸福」ということなのです。

畑をつくることも幸福、水をあげることも幸福、肥料をあげることも、雑草をとることも幸福、成長を見守っていることも幸福、実《みの》って作物を収穫することも幸福なのです。

もしも凶作になっても、いい経験を積んで心が動揺しないことを学べるから、それも幸福です。

ものごとを客観的にみる人は、不幸に陥《おちい》ることはありません。

31日 行くも帰るも楽しい道

仏道というのは、行くときも楽しい。帰るときも楽しい。帰った後も楽しい。

いわば、そんな道なのです。

仏道は、たとえわずかでも、人に苦しみをもたらす行為は勧めないのです。

2日 私が偉いという実感

プライドとは、言い換えれば「自我」のことです。

「自我」とは、「私がここにいる」「私が偉い」という実感のことです。

この「自我」がまわりの人びとに、「妻」「子供」「部下」と、いろいろな役柄を割りあてて、「そのとおり演じなさい」と求めるのです。相手が自分の期待したパートを演じないと、怒ったりするのです。

自分が監督になったつもりで、世界は自分の思ったとおりに動いてほしいと思うのです。

しかし、世界というものは、けっして自分の思うとおりに動いてはくれません。

3日 破壊されるのはまず自分から

怒ると、破壊するエネルギーが出ます。

他人を破壊しようとします。

破壊行為に走る前に、十分に怒りのエネルギーを溜めなくてはなりません。エネルギーを溜めると、他人を破壊する前に自爆することになります。

ですから、他人に対して怒りをもつことで、まず自分自身が破壊されるのです。

4日 人は怒り中毒

怒ると、体の中に火が生まれます。そして、自分を燃やしはじめます。それは毒を飲むことと同じなのです。

幸福な人生に対する猛毒は、怒ることです。

嫌な人に怒る、ものごとがうまくいかないと怒る、仲間に怒る、さらには雨にも風にも怒る。

人は怒り中毒です。喜んで怒っているようにもみえます。

幸福に過ごしたいなら、怒りは猛毒であることを理解しましょう。

5日 怒りの心で食事をするのは愚か

「私は菜食主義で肉は絶対に食べない」などと固執していると、そのことが強いストレスになります。

また、肉や魚を食べる人に対して、軽蔑する心が出てしまいます。

それは、「自分が正しくて相手が悪い」という「怒りの心」なのです。

最良の食品を摂取しても、それを毒にしてしまいます。それは、愚かなことです。

6日 その瞬間で気づいたら

何事も「それをする瞬間」というものがあります。悪いことをするにしても、怒るときにしても、「その瞬間」があるのです。

大切なことは、「その瞬間で気づく」ことです。

瞬間の感情というものは、気づいた瞬間に、完了してしまうのです。

瞬間で気づいたら、その瞬間で問題は完了します。

後で悪い結果にはなりません。

7日 はやいもの勝ち

心に怒りの感情が入り込んだら、その瞬間に気づかないと、ウイルスのように瞬時に増幅してしまいます。怒りは爆発するところまで増幅してゆくのです。

「はやいもの勝ち」という法則は、自分の感情に打ち勝とうとするときに使うのです。

怒り・憎しみ・嫉妬などの感情は、生まれた瞬間に気づくと、増幅せずにそこで消滅します。

はやく気づいたほうが勝ちです。ほうっておくと手遅れになります。

8日 波立たない心

自由な心とは、どんなことがあっても波立たない、揺らぐことのない心です。

揺らがない人は、何か反論されても、非難されても、感情的になることはないのです。

感情的になるのは、すでに「負けている」ということなのです。

9日 延焼しないように身を守る

怒ると、怒ったその人は怒りの炎に燃えているのです。

それに対してまた怒り返すと、相手の炎が自分に燃え移ることになります。

延焼しないよう、身を守ることが大事です。だから、人が怒っても自分はけっして怒らないことです。

10日 へこむのは危険な怒り

他人に怒られると、へこんでしまうことがあります。えんえんと悩んで、暗くなったり身動きができなくなったりします。

自分は被害者で怒っていないつもりでも、じつはそうとう怒っているのです。

へこむことも、攻撃的に立ち向かう怒りと同じように、とても危険な怒りなのです。

11日 自分のエネルギーで燃え続ける

へこんだり落ち込んだりする怒りは、自己破壊的です。幸福になるエネルギーをなくすのです。

いちど怒られただけでも、自分の心の中で何度もくり返して、落ち込む怒りを燃やすこともできます。

それは、一本のマッチでビルに放火するようなものなのです。

ビルは自分のエネルギーで燃え続けます。マッチの火はきっかけにすぎません。

12日 怒りの火種を投げつけられたら

他人が自分に怒ることは、怒りの火種が自分に投げつけられたということです。

それによって、自分のもっている燃料で、自分を燃やしてしまうことがあります。

マッチ一本の放火でもビルが全焼してしまうのは、マッチではなくて、ビル自体が燃料になって燃えるからです。

そのように理解して、他人の怒りには決して怒り返さないことです。

13日 嫌な人と一緒にいると

性格が悪くて肌があわない人と一緒にいると苦しいです。相手の嫌なところが気になって、うつうつとなったりイライラしたりします。

ある一定の日にちが経過すると、いてもたってもいられないほど怒りに燃えることになります。

この場合は、毎日、少しずつ少しずつ、自分自身に火を点けていたのです。

だから延焼する前に、相手と仲よくするか、忘れるかしないといけないのです。

14日 恨《うら》む相手の操り人形に

ケンカをして相手に勝ちたいのなら、怒りは捨てることです。

「あいつは、ああいうことをした」「こういう悪いこともした」という恨みを抱いていたら、その人の「操り人形」になってしまうのです。

いくら相手が悪くても、いま現在、あなたが相手に対して怒って悩み苦しんでいるのが事実なわけです。

だから、とっくに負けているのです。

15日 ケンカに勝ちたいのなら

ケンカをして勝ちたいのなら、向こうが何を言おうが、何をしようが、あっけらかんとしてニコニコしていることです。それができれば、あなたの勝ちです。

相手には関係なく、怒りを捨てて静かで穏やかな心をつくったほうがいいのです。

そのためには、つねに自分の心の状態を知ることです。そうすることで、怒りの火種があらわれる前に処理できるのです。

16日 怒った時点で敗北宣言

怒るのはカッコわるいことです。
理由はどうあれ、怒るのは敗者です。
だれひとり、この人生で負けたくないのです。何事も勝利をおさめて
進みたければ、いかなる場合にも、怒らないことです。
怒った時点で、その戦いは自分で敗北宣言をしたことになります。

17日 怒らないのは勇者だけ

私たちの生きている環境は、親切にされることよりも不親切にされることのほうが多い。うまくいくより、いかないほうが多いものです。

弱き者が、それに対して怒ります。

勇者は「うまくいかないのは当たり前」と思って、落ち着いているのです。

勇者は怒らないのです。

18日 先に傷つくのは自分

たとえ悪人に対してでも、怒ったり攻撃したりすれば、自分もよけいな罪を犯して不幸になってしまいます。

悪をなすのは相手であって、自分ではありません。それに腹を立てて攻撃すると、自分も怒りに汚染されて悪人になってしまうのです。

相手に汚物や炭火を投げつけようとすると、先に汚れたり火傷《やけど》をしたりするのは、相手ではなくて自分です。

相手がひょいと身体をかわせば汚物は当たりませんが、汚物を投げようとした自分の手は、必ず汚れてしまうのです。

19日 怒る人は愚か者

自分が傷つけられたとき、怒りの心で「仕返しをするぞ。困らせてやろう」と思います。

しかし、自分が怒ったことで、相手が困る場合もあるし、困らない場合もあります。

ただひとつ確実なのは、「自分が怒りで汚染されて不幸になる」ということだけです。

いかなる場合でも、怒る人は愚か者であり、人生の敗者なのです。

20日 心をおさめたら安楽が

私たちは瞬時に怒り出したり、瞬時に笑ったりします。心というものは、あまりにもその動きが速いのです。

あまりに速いために、心の動きに気がつくのは、とても難しい。

だから、怒ったときは、そのことにすぐには気がつきません。もう手遅れになってから、「まずいことをした」と気がつくのです。

その心の動きに気がつくことが、心をおさめることになります。

ブッダは「心をおさめたら、安楽がもたらされる」と言われました。

21日

心を具体的にはっきりとつかむ

怒りの心があるとき、心の中をさがしても怒りはみつかりません。

しかし、怒りの心は、荒々しい呼吸や、こわばった顔の表情、力の入った肩など、具体的に体にあらわれます。だから、心の動きに気がつくためには、体の変化を、そのときしっかりとつかむのです。

自分の体の動き、呼吸、歩き方、そして感情の動きなど、具体的な動きから、心はとらえることができるのです。

いまという瞬間に起きている心の動きをつかまえたとき、心をおさめることができるのです。

22日 「一旦停止」で心が育つ

心を育てるには、「一旦停止」するとよいのです。

いきおいこんで喋《しゃべ》ろうとするとき、「自分は、何を言いたいのか」と、ちょっと止まって自分を観てください。

それから、どんな順番で喋るべきかと、順番を決めて喋ります。

行動するときも、何も考えずにぱっと体を動かすのではなく、一旦停止して、あらためて順番に行動を起こすのです。

一旦停止してみると、瞬時に湧《わ》き起こる感情の氾濫《はんらん》がおさまります。

それが、心をおさめることになるのです。

23日
まわりを嫌な気持ちにさせない

いい気持ちでいたいのは、生命の共通の願いです。

だから、周囲の人びとをけっして嫌な気持ちにさせてはいけません。

怒っている人がいても、怒り返してはいけません。その人の、気持ちを和《やわ》らげてあげることです。

機嫌が悪かったら、「まあ、そんなこともありますね……」と、できるだけ気持ちを和らげてあげるのです。

24日 炎を消すために燃料を与えてしまう

私たちの心の中で燃えている火は、「貪《とん》・瞋《じん》・痴《ち》」という煩悩なのです。

欲（貪）を満たすと、欲の炎が消えると思っていますが、じつは欲の炎にさらに燃料をあげることになるのです。

怒り（瞋）に対して怒り返せば、怒りの炎にさらに燃料をあげることになります。

無知（痴）に対して、なおさら妄想《もうそう》すれば、無知の炎にさらに燃料をあげていることになるのです。

このような生き方では、人はけっして生きる苦しみを消すことはできません。

25日 無意識の心は汚れている

私たちは普段、自分自身に気づいていることが、とても少ないのです。ほとんどの行為が、無意識のうちに行われています。やっていることと考えていることがバラバラです。

歩いているときには、歩いていることに気づいていないで、何か別のことを考えています。食事のときも、本を読んでいるときも、話しているときも、そうです。

無意識の心は、つねに「貪・瞋・痴」で汚れているのです。ですから、無意識で行う行動は、かなりトラブルの種になるのです。

26日 心のささやきに耳を傾けない

心は怠《なま》けのかたまりです。

心の衝動、エネルギーは「貪・瞋・痴」です。精進の反対です。

「いかに怠けようか」ということしか、心は考えないのです。

しかし、怠け心のままでいたら、何も得られません。退化するばかりです。

心はそのことを知っているにもかかわらず無視するのです。だから、いともかんたんに退化の方向に進んでしまうのです。

心を育てる人は、心のささやきに耳を傾けないほうがいいのです。それが安全です。

29日 小さな怒りが燃えあがる

マッチの火が、木に燃え移り、森に燃え移り、やがて山を燃やしてしまうこともあります。

小さな怒りの炎でも、燃えて燃えて、限りなく増えていきます。

たった二人のケンカでも、怒りが燃えあがってどんどん広がり、国と国との戦争になることさえあります。

国の政治を司《つかさど》る人が怒りに燃えていたら、戦争を起こすことになるかもしれません。

世界の歴史をみると、そういう愚かな事例がたくさんあります。

March

3月

Appicchassāyaṃ dhammo,
Nāyaṃ dhammo mahicchassa;
Santuṭṭhassāyaṃ dhammo,
Nāyaṃ dhammo asantuṭṭhassa;

この法（仏道）は少欲の人のものであり、
多欲の人のものではない。
この法（仏道）は足りることを知る人のものであり、
不満な人のものではない。
（増支部４集『アヌルッダ経』より）

1日 これはほんとうに必要だろうか

ものが多くて捨てられない人がいます。

どんなものでも、ものはすべて「荷物」だと思いましょう。人間は荷物を集める清掃車みたいなものです。限りなく荷物は増えていきます。

衝動的に、「これがほしい」と買ったり集めたりすると、ものはどんどん増えていきます。目的がはっきりしていないので、使うこともないし、かといって捨てられない。

コントロールするには、「これはほんとうに必要だろうか」「なくては困るものか」という基準で選択することです。

2日 捨てるときは、いい気分で

ものを捨てるときは、いい気分で捨てましょう。

「捨てるのはもったいない。申し訳ない」という気持ちもわかりますが、「解放されたぞ」という気分で、すっきり捨てましょう。

3日 ものがたくさんあるのはもろい人

「あれがほしい、これがほしい」「あれが足りない、これが足りない」と言う人は、他に依存した生き方になっているのです。

必要以上にものがたくさんあるのは、多くを依存して、人格ができていないのです。

高価なものを置きたがるのは、依存が強くて気が弱いのです。

そういう人は、ちょっとしたことで、動揺し、悩んだり苦しんだりします。精神がもろくて危ないのです。

4日　鳥たちは自分の翼だけをもっていく

ものをもたない生き方がすばらしいのです。何もないことを喜べるのが、理想的な人格なのです。

ブッダが、比丘《びく》たちに言いました。

「鳥たちはどこに行くにしても、自分の翼だけをもっていく。何も荷物はない。しかし、どこにいても完璧である。だから比丘たちも三衣《さんえ》一鉢《いっぱち》だけでいいのだよ」と。

何ももたない生き方は、どこにいても自由で、何も欠けるところがないのです。

7日 「得る道」ではなく「捨てる道」

仏教は、「得る道」ではなく、「捨てる道」を教えます。
捨てる生き方を歩もうとすると、身も心も軽くなって、楽な気持ちがずっと続きます。
「得る道」は、依存を増幅する道です。不自由な道です。
「捨てる道」は、自由を獲得する道です。

8日 鳥は足跡を空に残さない

悟った人は、すべてのものが無常であることを実感して生活します。
だから、何も溜《た》めることはありません。心に何の不安もありません。
食事さえも、体を維持するために必要な量だけに限ります。
鳥が空に足跡を残さないように、悟った人の行方にも、足跡はないのです。

9日 荷車を引いて生きるような人生

私たちの人生とは、荷車を引いて生きているようなものです。

その荷物とは、仕事や家庭や生きる重さです。同じ重さの荷物であっても、人によって、あえぎながら荷車を引く人もいれば、楽々と荷車を引く人もいます。

この違いは、心に執着があるかないかなのです。

10日 影が体の後をついてくる

あえぎながら荷車を引く人と、楽々と荷車を引く人の違いは、執着するかしないか、にあるのです。

執着が強いと、巨大で重たい荷車を引いているような人生になってしまいます。

執着の少ない人は、職場や家庭にあっても、どこにいても生きる重さを感じることはないのです。

影が体の後をついてくるような、軽やかな生き方になるのです。

11日 究極の楽しみを得る道

仏教は、「捨てる道」を教えます。

そう言うと、「仏教を実践したら、楽しみがなくなってしまう」と思うかもしれません。

しかし仏教の実践とは、楽しみを得るためにあるのです。

捨てられずに執着する人は、苦しみを感じているのです。

執着を捨てた人は、究極の楽しみを得ているのです。

12日 具体的な欲求に落としてみる

私たちが苦しむのは、欲が多いためです。欲にふりまわされているのです。

仏教では「少欲知足《しょうよくちそく》」を説きます。これは、欲を少なくして、足《た》るを知ることです。

そのためには、どうしたらいいでしょうか。まずこの無限の欲を、具体的な欲求に落としてみるのです。

たとえばいくらお金があっても、寝るベッドはたったひとつで十分。ご飯の量も一杯か二杯でしょう。

具体的な欲求に落としてみれば、人間に必要なものは、おのずと決まってくるのです。

13日 ずっと燃え続ける炎

私たちは「あれがほしい、これがほしい」「まだ足りない」と走り回っています。

欲を満たしたかと思うと、またさらなる欲が出てきます。いつまでたっても、満たされることはありません。

まるで、ずっと燃え続ける炎のようなものです。欲を満たそうとすることは、燃え続ける心に、さらに燃料をかけることなのです。

14日 現世利益《りやく》は苦しみに達する道

ブッダは、この世は「現世利益に達する道」であり、それは「苦しみの道」であると説きました。

ブッダの示された道は、「現世利益に達する道」ではなく、「涅槃《ねはん》（永遠の安らぎ）に達する道」です。

利得を追っていたのでは、いつまでたっても心の平安はありません。追えば追うほど、安らぎがなくなってしまいます。

ブッダは、ものに依存しない生き方を示されました。それが、「安らぎにいたる道」なのです。

15日 使用人にこき使われる主人

多くの人は、「自分には子供がいる」「財産がある」「名誉がある」「地位がある」と思って、主人気どりでいるのです。

しかし、よくみてください。

「自分のもの」と思っていても、それによって自分が支配されているのです。自由が失われているのです。

子供の奴隷《どれい》になっているのです。

財産の奴隷になっているのです。

名誉、地位の奴隷になっているのです。

まるで、使用人にこき使われる主人のようなのです。

16日 体の奴隷、心の奴隷

自分の思うようには、心も体も動いてくれません。

体は、「ああしろ、こうしろ」と自分に命令します。「はい、わかりました」と、体の奴隷になって従わなくてはいけません。

心も命令します。「けっして怒らない」と言っても、怒るときには怒ってしまいます。「悩まない」と思っても、悩んでしまいます。優しい心をもとうと思っても、イライラしたりする。仕方なく奴隷のように心の命令に従っているのです。

人は体の奴隷であり、心の奴隷でもあります。だから苦しいのです。

17日 離欲にチャレンジ

完璧に勝利を得る道とは、「何かを得る道」ではなくて、「ものから離れていく道」なのです。離欲の道には完成があるのです。

ほんとうに充実するためには、ものはいらないのです。足りないから満たそうとするのではなく、ものがいらないということで、心を満たす道があるのです。

ものから離れる、離欲というところから、安らぎが生まれるのです。

離欲にチャレンジすることが、最高のチャレンジなのです。

18日 依存症のキャリア

私たちは、みな何かの「依存症」にかかっていると言えます。

いまは依存症でなくても、次の瞬間に依存症にかかることもあります。いわば依存症のキャリア（保菌者）なのです。

19日 人生の歯車

私たちが依存するものは、酒、金儲け、仕事、賭けごと、お喋り、テレビなど、限りなくあります。

酒や賭けごとに依存するのがよくないことは、だれにもわかります。けれども、ブランド、健康食品や読書、インターネットに依存しているかもしれません。

それが何であれ、依存すると本来なすべきことを後まわしにして、「いま何をすべきか」がわからなくなるのです。

人生の歯車がおかしくなるのです。

20日 いいことに依存するのは

お酒や賭けごとに依存するのは悪いときまっていますが、「いいこと」に依存していることもあります。それはどうでしょうか。

例えば、ボランティア活動、平和運動、地域活動などはいいことでしょう。

しかし、いかに「いいこと」でも、それに依存すれば、やはり自分を見失っていくのです。

いいことでも、依存して行えば、いい結果にはなりません。

21日 いのちがけでやります

よく「いのちがけでやります」「必死でやります」と言う人がいます。では聞きます。

あなたは、そのことに、そこまで依存しているのでしょうか。

ほんとうにいのちをかけるほど、価値のあることに挑戦しているのでしょうか。

自分の依存症を、ごまかしてはならないのです。

22日 依存に気づかないと

「これは依存なんだ」「いま自分は依存している」とわかってやることと、わかっていないこととは、大きくちがいます。

依存していることをしっかりと理解していると、やりすぎにはなりません。問題は起こりません。

依存していることに気づかない人は、ますます依存症に陥るのです。

23日 依存はなぜいけないのか

依存はいけないのでしょうか。

依存は、完全に絶つことができないことです。そもそも、生きること自体が依存なのです。だから、依存からはけっして逃れられません。

こわいのは、依存に気づかないと、依存症に陥って危険だということです。

食べ物に依存すると、健康を壊します。心の刺激に依存すると、自己破壊に陥ります。

生きている間、完全に依存から脱することはできませんが、依存していることに気づくことが大切です。

24日 適量を知る

本を読むのは喜びを感じるため、楽しみのためと理解していれば、リミットを守って依存症にはなりません。

飲まず食わずで本を読みっぱなしとはなりません。結果が出たら終わります。

体を維持するために食べているのだと知っている人は、適量の栄養をとったところでやめます。

依存していることを理解していれば、リミット、適量を知るのです。

25日 何物にも依存しない生き方

「捨てる」ということは、「何物にも依存しない」ということです。
それは単に、ものに頼らないことだけではありません。
神であろうが仏であろうが、まったく何物にも依存しない生き方なのです。
それが真の自由ということです。

26日 勉強だけでは頭が悪くなる

勉強すれば「頭がよくなる」と思われていますが、勉強するとかえって「頭が悪くなる」場合もあります。

世間では勉強と称して、「何のためか」を考えず、情報や知識をやみくもに詰め込んでいます。役に立たない知識で頭が雑然とするばかりで、結局、何も理解していない。でも、「何も知らない」とも言えません。ほんとうは知らないのに、知識のせいで「知っている」と思ってしまう。

雑然と詰め込まれた知識は実際の役に立たず、しかもよけいな知識によって、明晰《めいせき》にみることができなくなるのです。

27日

ブッダが歩んだ道は模範となる

ブッダは、私たちの偉大なる師匠であり、慈愛をたたえた母親のような存在と言えます。ブッダが歩んだ道は、私たちの模範になるのです。ブッダは雲の上の人ではありません。人間として生まれて人格を完成した人なのです。どんな悩みに対しても、ブッダは見事に答えを出しています。

ブッダを礼拝するのは、ブッダという人格を尊敬し、生き方を学び、教えを実践するためなのです。ブッダを念ずることで、励みになり、自《みずか》らを高めることになるからです。

28日 如来《によらい》とは

如来は、パーリ語で〝タターガタ〟と言います。〝タターガタ〟には二つの意味があります。

一つは、真理に達したという意味。

もう一つは、真理からきたという意味。

そして、ブッダ自身で、〝タターガタ〟の定義をしています。

自分が他人に説くのは、すべて自分が行っていること。自分が行ったことを他人にも教える、ということです。

「言うとおりに行う」「行っているとおりに言う」という意味で、〝タターガタ〟なのです。

29日 ブッダは救済者ではなく「人間の師」

大乗仏教には大日《だいにち》如来、阿弥陀《あみだ》如来、お地蔵《じぞう》さま、観音《かんのん》さまなど無数の如来・菩薩《ぼさつ》がいます。彼らは、超人的な力をもって人々を救うと約束する「救済者」です。我々はそれらの仏さまをひたすら信仰して、すがる以外ありません。

しかし、本来のブッダ（お釈迦《しゃか》さま）は拝《おが》む対象というより模範にすべき人格完成者です。人間として生まれ、修行によって人格を完成し、悟りに達してから四十五年間、人々に正しい生き方を説き示したのです。ブッダは人間の師です。我々はブッダから学び、智慧の完成を目指すのです。

30日 ただちに苦しみから解き放つ説法

ブッダの説法には、その場でただちに人々を苦しみから解き放ってしまうほどの力がありました。ブッダは、悩み、苦しみについて説き、悩みそのものをなくす実践方法を示されたのです。

ですから、聞いた人はたちまち幸福になったのです。大富豪でいい暮らしをしていた人が、散歩の途中でブッダに出会う。説法を聞いただけで、もう家には帰らず、そのまま出家してしまうほどでした。

ブッダの教えはいつでも具体的、現実的な苦しみをなくす教えなのです。死後の天国を約束するだけの教えではありません。

31日 相手に判断をゆだねる

ブッダの説法は、「そのようなことをするのは、こういう理由でよくないし、悪い結果が出る。このようなことをすれば、こういう理由でよい結果が出る」と、あくまで説示するだけです。

「法則、真理」を示し、「どうだろうか」と相手に判断をゆだねます。

相手は自らの意志で「じゃあ、やってみよう。ためしてみよう」と決めて実行するわけです。

ブッダが押しつけることはまったくない。聞く人には、いつでも自由があります。仏教徒は自由な人間なのです。

April
4月

Na ve kadariyā devalokaṃ vajanti,
Bālā have nappasaṃsanti dānaṃ;
Dhīro ca dānaṃ anumodamāno,
Ten'eva so hoti sukhī parattha.

物惜しみする人は天界に行けない。
愚か者は布施を賞賛しない。
しかし賢者は布施に随喜し、
それによって彼は来世に幸福となる。
（小部『ダンマパダ』177）

1日　ゴキブリにも堂々と生きる権利が

ゴキブリにもアリにも、堂々と生きる権利があります。私たちは、その権利を奪うことはできません。

他の権利を奪えば、自分にも権利がなくなってしまいます。

しかし、私たちは、石や土は食べられません。他の生命を奪わなければ、生きていられないのです。

生きるということは、他のいのちを奪っていることです。生きるということは、それほど立派なものだと思わないほうがいい。むしろ、恐ろしい行為だと気づくことです。

2日 「役に立つ」とは

人は、何かしら他と関係をもって生きています。生きているということは、関係性です。

その関係性の中で、何か「役に立つ」ことが大切です。

「役に立つ」といっても、けっして大それたことではありません。お茶を入れてあげたり、ほほえんだり、ちゃんと挨拶《あいさつ》するとか、そういった小さなことなのです。

それによって、人の気持ちを穏《おだ》やかにさせたり、気分よくさせることが、「役に立つ」ということです。

3日　布施《ふせ》とは何か

「役に立つ」というのは、生命を支えること、喜ばれることです。

生命は他から支えられないと、成り立ちません。生きるとは、あらゆるものに支えられていることです。それは、「布施されている」ということなのです。

だから、多量の布施を受けて生きている私たちは、「他の役に立つ」という布施を行わなければならないのです。

例えば、公園の空き缶を拾うとか、マナーを守るとか、そういうささいなことでも役に立つのです。

4日 一人の行動は全体に影響を与える

一人の行動ということが、全体に影響を与えるのです。それは、地球全体にも通じるのです。

一人が勉強すること、挨拶すること、ほほえむこと、それが社会全体の調和を守っていくのです。

自分という一人の行動がとても大切な価値をもつのだとわかれば、やる気が出てくるでしょう。

5日 あなたは布施で生きている

私たちは、大自然から、他の生命から、多大なお布施（恵み）をいただいて生きているのです。

一方的にいただくばかりで、返そうという気持ちはなさそうです。

それでは、人生は借金ばかりです。多重債務をかかえて、不幸になるに決まっています。

たとえ小さくてもよいから、大自然とすべての生命に何かをお返ししましょう。

できる範囲で少しでも債務を減らそうではありませんか。

6日 他人の世話になり人の役に立つ

生きるとは、互いに協力しあうことで成り立っているのです。「お互いさま」なのです。

生きることは他人の世話になることであり、自分も人の役に立っていることです。

そこがはっきりわかっていれば、成功をおさめることができます。

7日 幸福は安全な生き方

何事もうまくいっていて幸せな人は、他人に危害を与えたり、迷惑をかけたりしません。そういう人は、喜びを感じながら、いいことをするのです。

だから、まわりからいい反応が返ってきます。すると、さらにいいことをしたくなります。

このように、充実感のある人は、まわりにも幸福の影響を与えて、安全に生きていられるのです。

喜びと充実感を感じることが、社会の安全につながるのです。

8日 まわりの調和を壊し自分が苦しむ

うまくいかなくて充実感を得られない人生は、自分に対してもまわりに対しても、嫌な気分をつくります。

そういう人は、自分の失敗を他人や社会のせいにします。そうしてまわりの調和を壊し、反作用で自分が苦しむことになるのです。

個人が充実感を感じるか不満を感じるかによって、社会の平和は左右されるのです。

9日 社会に貢献できるかどうか

仕事をするうえで大切なことは、「儲かるかどうか」ではなく、「社会に貢献できるかどうか」を考えて行動することです。

社会に貢献できる人、社会の役に立つ人は、必ず社会に助けられ、守られることになります。

これは、いわば「布施の法則」です。

10日 役に立つことの見返り

単におもしろいとか、やりたくてやっているものは、仕事とは言えません。

自分のやったことが「社会の役に立つ」こと、「他に貢献する」ことが、仕事と言えるのです。

役に立つことをすれば、社会が見返りをするのです。それで、自分の安定した生き方が成り立つわけです。

11日 安定した仕事とは

仕事とは、「たった一人に対してでも役に立つ」ということなのです。たった一人の役に立って、その一人から報酬《ほうしゅう》をもらうことも立派な仕事なのです。

安定した仕事というのは、何人かの役に立っていることなのです。自分の仕事で役に立っている人の数が増えれば増えるほど、自分の仕事は安定しているのです。そうなると倒産はしないのです。

12日 正当な儲け

儲けるという行為に、何か人をダマしてとったようなうしろめたさを感じる人がいます。しかし、儲かることはけっして悪いことではありません。

人の役に立つと、おのずと相手がそれに対して、恩を返します。

それは「布施の法則」ということです。

助けてもらった人が、その相手を助けないということはありえないのです。

儲かるのは、自分がやったことの見返りとして、権利があってもらっていることなのです。

13日 儲けようという思考に走ると

儲かることはけっして悪いことではありません。ただ、「儲けよう」という気持ちが入ると、よくないのです。儲けようと思うと、ぜんぶ壊れていきます。

「儲けよう」というのは、何とかして高く売って利幅をとろうということで、それは奪うことなのです。奪い尽くせば、やがて奪うものはなくなってしまいます。

「儲けよう」という思考だけでいくと、そこには貢献がなく、いつか倒産します。

「儲けよう」ではなく「人の役に立とう」という仕事は、倒産しないのです。

14日 赤ちゃんだって仕事している

赤ちゃんも仕事をしています。

ニコニコと笑って手足を動かし、お母さんの髪の毛を引っ張ったりして、お母さんの苦労に恩返しするのです。

お母さんは、それをみて嬉しくなって疲れがふっとぶ。そして、気楽に元気に赤ちゃんの面倒をみるようになるのです。

お母さんは、おっぱいをあげたり、抱いたり、おしめをとりかえたりします。

お母さんと赤ちゃんは、お互いに布施をしているのです。

15日 ニワトリも猫も仕事している

ニワトリがまんべんなく卵をあたためるのも仕事。ヒナが殻を破って出てくるのも、仕事です。

猫だって仕事しています。人に飼われているのは、ちゃんと仕事をしているということです。

猫は、カッコよく美しく寝ていて、背伸びをするのも美しい、そしてまた寝る。人間にとってはそれがおもしろい。

それも布施です。与えているのです。

16日 死ぬ瞬間まで仕事はある

成長していく過程で、いろいろな仕事が成り立つのです。
成人になって就職して、定年までやることだけが仕事なのではありません。
死ぬ瞬間まで、ずっと仕事はあるのです。
仕事のない人は、いません。
仕事とは、自分以外の何者かの役に立っているということなのです。
それは、自分が必ずやらなくてはならないことで、選択の余地はないのです。

17日 生命としてのお返しが仕事

仕事というのは、ビジネスだけのことではありません。

それは、生命が必ずやらなくてはいけないことなのです。生まれてきたものには、やるべきこと、やらなくてはいけないことが、ついてまわります。

生命は自分だけでは生きていけません。必ず他の支えがあって生きていけるわけです。

だから、お返しをしなくてはいけない。それこそが、仕事なのです。

仕事しないということは、生命の法則に違反することになるのです。

18日 他の生命の役に立つ

いのちは他から支えられないと、維持できません。生きているということは、他の生命からあらゆる施しを受けているということです。

助けてもらっているのだから、他の生命に役に立つようなことをするのです。

他の生命の役に立ったら、それが仕事になります。そして、自分も支えられることになります。

19日 不完全だからこそ仕事がある

仕事は、どんなときでも、どんなところにでもあるものです。

いまここで何をすべきかは、その時空関係で成り立っているのです。

それが仕事になります。

そもそも人間は、不完全です。自分にいろいろなものが必要なのに、自分では獲得できません。だから、できる人にやってもらって自分がお返しをする。能力のやりとりをする。そこに仕事がたくさんあるのです。

20日 赤字だらけの人生

何も仕事をしないのは、布施をしないということです。布施をしない存在は、生きる権利を失うことになります。法則として不幸になるのです。

奪うだけでお返しのない生き方は、やがて赤字だらけの不幸な人生になります。

そういう人は、体の健康が衰退していくだけでもとに戻らない。薬を飲んでも効かない。病を治そうとすると、治っても別のところが悪くなる。そのように、どんどんと苦しくなっていくのです。

けれども、「布施される」「布施する」という人生は、うまくいくのです。

21日 ものすごい借金人生

人間というのは、大自然や他のいのちから布施されるばかりで、ものすごい借金人生なのです。

私たちはなぜ苦しいかというと、借金があるからです。もらうものがあまりに大きくて、返すものはいつでも少ないからです。

借金をチャラにして生きていられたら、すごく幸せなのです。

22日 自分の尊厳を守るには

一切の生命に対して、その尊厳を大事に守る人が、自分の尊厳を守ることになるのです。

他の生命の尊厳を踏みにじる人は、自分の尊厳を守れません。

他を生かすことが、生きるということなのです。

幸福になりたい人は、すべての生命に対して幸福を与えなければいけないのです。

23日

なぜ殺してはいけないか

いかなる理由であろうとも、他の権利を奪うことはいけないことです。ましてや、他のいのちを奪ってはなりません。

自分が「生きていたい、殺されたくない」のと同じように、他のいのちも「生きていたい、殺されたくない」のです。

「おれを殺すなよ。でも、おまえを殺すぞ」という論理は成り立たない。「おれをけなすな。でもおまえをけなす」という論理も成り立ちません。

「殺されたくない」「いじめられたくない」「けなされたくない」のであれば、他に対して、そのようなことはしないことです。

24日 いのちに対して何ができるのか

能力というものは、人間との関係が大切なのです。そうでないと能力は開発されないのです。生命に対して何ができるのか、どのように役に立つのかということをつねに考えていけば、能力はどんどん開発されるのです。

例えばマザー・テレサさんは、もともと、それほど能力のある人間というわけではなかったのです。

しかし、「インドの道端《みちばた》で亡くなっていく人々を救うのだ」と決めたことで、彼女の隠れた能力がどんどんと花開いていったのです。

25日 多重債務を減らすために

私たちは、大自然と他の生命から受けている多大な恵みに感謝する気持ちをもつことです。

すべてのいのちに対して、慈《いつく》しみの心をもつことです。

「生きとし生けるものが幸福でありますように」と、つねに心で念ずるのです。

感謝するたびに、慈しみを念ずるたびに、自分の多重債務は、ものすごく速いスピードでどんどんと減っていきます。

26日 債務を返すチャンスはいつでもある

私たちは、大自然の中で他のいのちと一緒に生きています。ですから、生きている間、どんな瞬間にも、自分には何かやってあげるべきことがあるはずなのです。

借りた恩を返すチャンスは、どんな瞬間にもあります。それは、どんな小さなことでもいいのです。

27日

原因は変えることができる

結果はもはや変えられません。

しかし、原因は変えることができます。

原因が変われば、結果は変わります。

結果に足を引っ張られて悩むことをやめましょう。

よい結果になるように原因をしっかりと調整することが、理性的な生き方なのです。

28日 問題解決するためには

問題解決するための出発点は、まず自分のエゴに気づくことです。

「あなたのためにやっている」と思うところに、問題があるのです。

「人のため」と言いつつ、「自分のため」にやっていることがいかに多いでしょうか。

「やらせてもらって、ありがたいです。充実感が得られて幸せです」という気持ちがあれば、うまくいきます。

結局、すべては自分のためにやっていることなのですから。

29日 感謝の気持ちを伝えるように言う

末期《まつご》の人を見舞うとき、その人が喋ったり考えたりすることのできる場合は、いまの自分の体の状態や調子を語ってもらいます。それを聞きながら、

「あなたにはもうやることはないのですから、看護師さんにもひとこと感謝を伝えましょう。お医者さんにも感謝しましょう。お世話になってきたたくさんの人たちに、感謝の気持ちを抱きましょう。

怒りや憎しみがあったら、そんなものはもう意味がないのだから、なくして心をきれいさっぱりにしましょう」

と、語りかけるのです。

30日 確実に幸福な死を迎えられる

末期の人を見舞うとき、意識がちゃんとある人であったら、次のように念じることを教えてあげるといいのです。

「すべての生命ははかないものである。生まれるものは死ぬべき定めである。生は苦しみで終わる」と。

それが無常の瞑想になるのです。

さらに、「生きとし生けるものが幸福でありますように」と念じるように、教えてあげてください。

そのことで、確実に幸福になります。

幸福な死を迎えられ、死後の幸福も保証されます。

May

5月

Ubhinnamatthaṃ carati,
Attano ca parassa ca;
Paraṃ saṅkupitaṃ ñatvā,
Yo sato upasammati.

怒っている人に対して、
逆に怒らない人は
自分と他人という両方に、
有意義な行為をしているのです。
（相応部有偈品サッカ相応『善語勝利経』より）

1日 我が強すぎる人

自我という代物が、苦しみの原因のひとつになっています。それは「自分が偉い」という思考から発生します。

我が強すぎると、何事もうまくいきません。学校ではいじめられるし、会社に行っても苦労します。

競争社会の中では、衝突ばかりなのです。学校に行っても、会社に行っても、苦しみばかりです。家庭でも、楽々できることでさえ、わざと戦争にしています。

我が強いために、わざわざ生き地獄をつくってしまうのです。

2日 自己犠牲もまちがい

自己主張が強いと、あちこちでトラブルが起きます。あまりに自分のことばかり考えて生きていると、どんどん生きづらい環境をつくってしまうのです。

逆に、人の世話をすることがカッコいいとも思わないほうが無難です。自分のことさえもろくに知らないのに、その人にとってほんとうに何が必要なのかわかるはずがないのです。

自己犠牲によって人の役に立とうとするのは、ただの大きなお世話になってしまうのです。

3日 子供は宇宙人だと思って育てる

子育てをするとき、自分のもの、自分の子供、という思いが入ると、かなりストレスになります。

子供は自分のものではありません。むしろ「宇宙人だ」と思ったらいいのです。

宇宙人だから、この地球のことは、何ひとつわからない。宇宙人にとって、世の中は不思議で仕方がありません。だから、一つひとつ丹念に教えてあげてください。

やがて、子供が大きくなったら、「もう一人前の独立した人間であって、だれのものでもない」という気持ちで接するとよいのです。

4日 ほめながらしつける

しつけとは、世の中でしっかり生きるために何を学べばいいかと、一つひとつ教えてあげることです。子供は何も知らないのだから、「これはこういうふうにやるといい」と、やりかたを教える。

「それはまちがっている」と怒れば、子供は反発します。まちがっているのではなくて、子供は知らないのですから。「ちゃんと、こんにちはと挨拶しなさい」と頭ごなしに叱《しか》っても、うまくいきません。

挨拶することはカッコいい、賢いことなんだと教えましょう。ほめながらしつけるのです。

5日 傾いた基礎

人を恨み、人の過《あやま》ちを許せない人は、心が育ちません。
「許さない」という心は、土台が傾いているようなものです。
傾いた土台の上に建物をつくれば、そのまま傾いて、いつか壊れてしまいます。
だから、恨みはさっぱりと捨てることです。

6日 いつまでも恨み続ける心

自分の幸福を壊すのは、自分に悪いことをした「嫌な人々」ではありません。

それは、悪いことを忘れないでいつまでも恨み続ける「自分の心」なのです。

あなたを攻撃したり意地悪をした人も、やりたくてやったわけではなく、ただ真理がわからないから過ちを犯したのだと思いましょう。

相手に仕返しをすることでは、けっして幸福は得られません。

子供が何か過ちをしでかしても、許してあげられるように、人を恨むのではなく、許してあげるのが賢い生き方です。

7日 どこかで隙間《すきま》や過ちが

相手のまちがいを厳しく指摘したりして、なかなか許さない、という人がいます。

しかし、そういう人だって、自分をよくみればいろいろ失敗や過ちがあるのです。

人はとにかく不完全なものです。何をやっても、どこかで隙間や過ちが生まれます。

ブッダでさえ、どんな人に対しても、いきなり「あなたはまちがっている」と言うことはありませんでした。

8日 自分が正しいという思いこみ

相手を許さないのは、「自分が正しい」と思いこんでいるからです。

しかし、「自分が正しい」とは、この世ではあり得ないことです。

ケチをつけようと思えば、だれにでもつけられます。しかし、その権利が自分にあるのかどうかです。よくみれば、自分だってよくまちがえるし、失敗するのです。

すべてのものは不完全です。何ひとつ完全なものはないのです。それが真理です。

「いかに完全に近づくのか」ということが、生きる道です。その道は限りがなく、一生続くのです。

9日 叩きやすいだれかをみつけがち

世の中の人は、自分たちは批判されない場所にいながら、他を責任追及して、ぶんなぐりたいと思ってアラをさがしているのです。

怒りのはけ口にするために、叩きやすいだれかをみつけようとしています。

何か他人の失敗をみつけたら、やたらと批判して、自分はまちがいを犯すことなんてないつもりなのです。

弁解できない弱い者を一方的に非難するのは、世の常です。それは、ハイエナが弱い動物を食べて肥えるようなものです。

10日　自分の過ちがみえているか

他人の過ちはみえやすいものです。

しかし、ほんとうにみえているわけではありません。自分の勝手な思いこみでみているることが、よくあります。

自分が同じ過ちやもっとひどい過ちを犯したときには、「大したことはない」とごまかしたり、あらゆる工夫をして正当化しようとします。

自分に対するその態度を、どうして他人に対してもとうとしないのでしょうか。

11日 人をどうこう言えるほど立派か

　自分というものは、人のことを、どうこう言えるほど立派ではないのです。

「あの人はまちがっている」と指摘しても、自分がその立場になったら、同じことをする可能性があるのです。

「あの人は嘘《うそ》つきだ、けしからん」と言っても、自分だって不利になったり、その場を言い逃れようとすると、嘘をついてしまうんじゃないでしょうか。

「あの人は頼りにならない」と言っても、自分が同じ立場になったら、人から信頼されるふるまいができるでしょうか。

12日 他人のことは、ほうっておく

他人の欠点や過失をみていては、永久に問題解決にはなりません。

他人のことは、ほうっておけばいいんです。

自分のやるべきことだけを、きちんとはたしていけば、ものごとはうまくいくのです。

ブッダの大切な教えは、「他人のやったこと、やらなかったことをみるのではなく、自分自身のことをよくみなさい」ということです。

13日 自分でまずやってみてから

人の過失をみつけて説教する人は、嫌われます。人に説教するのは、「大きなお世話」なのです。

説教ばかりする人は、「はやく帰ってくれ」と嫌がられます。やがては孤立して、寂しい人生になります。

では、まったく説教をしないほうがいいのでしょうか。

そうではありません。自分でまずやってみてから言えばよいのです。自分自身が行ったことを他人に伝える場合には、とても説得力があります。

14日 共通点を必死でさがす

まちがいを指摘したり、攻撃したりすることで相手の性格がなおることは、けっしてありません。ただ、争いの泥沼に陥るだけです。

相手の不完全なところをさがしだすのは、意味がありません。

そんなことよりも、「どこか仲よくできるところはないか。どこか共通点はないか」を、必死でさがしたほうがいいのです。

15日 どう話せばいいのか

自分の利益のみで話すと、ケンカになります。

自分の利益も他人の利益も、ともに実るようにと考えて話すならば理想的です。

「私もあなたも得する方法は何だろうか」というのが、正しい話し方なのです。

16日 だれの意見でもない正しい意見

多くの人は「自分が正しい、相手がまちがっている」ということで議論する傾向があります。

しかし、すでに議論が起きているということは、明らかにみんな正しくないのです。

みんな正しくないのだから、互いに話しあって、だれの意見でもない正しい意見をみいださなければいけないのです。

それがブッダの説かれた「中道」の生き方です。

17日 親孝行できる人

親に頼らない人が、親孝行しているのです。

はやく自立して、親に頼らないようになった人は、ちゃんと親を喜ばせます。

そして、親が優しくしてくれたこと、親切にしてくれたこと、叱られたことなど、思い出すたびに、

「ずいぶんよくやってくれたなあ……」

と感じたり思い出したりして、笑ってしまえるなら、それは親孝行できる人です。

18日 親は一生、子供を心配している

親から「もう、おまえとは親子の縁を切った。敷居をまたぐな」と言われても、親は、ほんとうは心配で仕方がない。「何とか立派になってもらいたい」と思っているのです。

「子供に対する親の気持ちは、骨髄まで響く。でも、子供はそれを知らない」というスリランカの歌があります。

親の愛情は、一生涯、続くものなのです。

だからと言って、子供は親の所有物ではありません。

19日 不幸になる秘訣

「親の育て方が悪かった」と思っている人は、不幸であることが折り紙付きで確定しています。

苦労して育ててくれた親に対してイチャモンをつける人は、自ら幸福になりたい気持ちすらないのです。

ましてや、他人を助けて社会の役に立つ人間にはならないのです。

大きな人物として成長するための第一歩は、親に対する感謝の気持ちなのです。

20日 自分が悪くないのなら幸せなはず

私たちは、不幸の原因は自分の外にあるように思っています。
「経済状態が悪いから」「血圧が高いから」「借金さえなければ」「あいつがいなければ」「妻がもっとしっかりやってくれたら」など「他のだれか」や「何か」のせいにするのです。

他人のアラを自分の不幸の原因にして、自分は悪くないと思い込んでいます。

しかし、自分が悪くないならば、ほんとうは幸福なはずなのです。

21日 頼まれごと

人から頼まれごとをされやすいというのは、本人が親切で優しいからでしょう。

自我が薄くて明るい人に、人は頼みごとをします。

頼まれやすい人だということは、とてもありがたいことなのです。

頼まれてばかりで、自分の人生は何も成り立たなくなったとしても、その人はやはり立派です。

ただ、そのことで、自分のすべきことができないなら、苦労ばかりです。頼まれごとは、自分に害を与えない程度でやらなくてはいけないのです。

22日 殺人者があらわれること

一人の人が孤立して怒りや憎しみに固まって無差別に人を殺すことがあります。

そのような理不尽な犯罪が起こる原因は、社会全体にもあるのです。犯人は、殺人を起こすところまで孤立していたのでしょう。犯人が、怒りで固まっているとき、なぜまわりの人々が優しくしたり、気持ちを理解してあげたりできなかったのでしょうか。なぜ未然にやめさせることができなかったのでしょうか。

結果として、それができなかった社会にも原因があるのです。私たちは互いに心配しケアしあう義務があるのです。

23日 戦いで勝つのは一人もいない

戦って勝つことが、幸福への道ではありません。
戦いを挑んだら、勝つ人は一人もいないのです。
負けた人は、負けて悔しい思いをします。
勝った人は、負けた人に恨まれます。
さらに敵が増える結果になります。
勝ってもいいことはないのです。

24日 日常の暮らしを戦場にする

「人生とは戦って勝つものだ」というような心で生きていたら、いたるところで争いを起こし、よけいな苦しみを生むだけです。

日本の社会は、日常の暮らしを戦場にしています。

ただでさえ苦しむことがいっぱいあるのに、苦しみを積み上げているのです。それは、あまりにも不幸な生き方です。

25日 勝ち負けを超越した道

仏教の教えは、「戦え、がんばれ」ということではありません。「いまここで戦うよりも、もっと優れた道はないか」という、勝ち負けを超越した道を教えます。

大切なことは、戦いの泥沼に足を入れずに、戦いを「乗り越える」ことなのです。

ブッダは、「聖者は、勝ちも負けも乗り越えて平安に住む」と説きました。

だれかに勝つ必要もないし、だれかに負ける必要もないのです。

26日 末期の人をお見舞いするとき

末期の人のお見舞いをするときは、「がんばってください」と言わないこと。「そのうち治ります」と言わないこと。「いまの状態はどうでしょうか」と聞くのです。

末期の人は、自分の苦しみと不自由を語るでしょう。それは語らせてあげる。

ただそれを聞きながら、「人生というのは、だれでもそんなものです。結局はすべて虚しいのですよ」と、相づちを打ってあげる。

最後に、「やっぱりきれいな心でいるしかないのですね」と話を終了するのです。

27日 何を「がんばる」のか

我々は、くちぐせのように、他人に「がんばってください」と言います。それは単なる挨拶のようになっています。

ほんとうは、人が挑戦していることに対して「諦《あきら》めないでください、やり遂げなさい」というニュアンスで「がんばってください」と言うものなのです。

そして、ブッダも勧めた、最も優れたがんばりといえば、自分の欠点を克服するために、善行為をするために、人格を完成するために「がんばる」ことなのです。

28日 死にそうな人に対して

死が迫っている人に対して、どのようにお見舞いしたらいいのでしょうか。

死にそうだからといって、深刻な顔をする必要はありません。その人が元気なときのように、普通に会えばいいのです。

「いろいろ楽しかったね」「あちこちに行ったよね」と、世間話をするのもいい。

そして、「あなたはよくやってきたね。ほんとうに親切にしてくれた」と感謝し、ほめればいいのです。

人は、感謝されると、「自分なりにこの人生をがんばってきたのだ」と満足するのです。

29日 どんなに獲得しても、完成はない

生きるということは、チャレンジです。生きているうえで、何かを獲得するために、いろいろなことにチャレンジします。

しかし、何かを獲得しても、完成というものはないのです。音楽で一流になっても、世界の頂点に達しても、完成ではないのです。もっと優れている人が出てくるかもしれない。

いくら獲得しても、完全に満たされたということ、やりおえたということは、なりたたないのです。

30日 ことばが浮いている

いろいろな宗教がすばらしい教えを説きますが、なかなか人間は道徳を守りません。それは、なぜでしょうか。

そこにことばの重さがなく、浮いているからです。例えば、西洋では「愛」の生き方を掲げています。けれども、そのような生き方をしてきたわけではありません。

西洋ほど、人を殺した文化はありませんね。機関銃やダイナマイトや原子爆弾をつくったのは、どこの文化でしょうか。

自分たちだけ大量に核兵器をもって、「おまえたちはつくるな、もつな」と平気で言うのです。

31日 物質と心の波動

仏教では、物質を素粒子のレベルでみて、地・水・火・風の四つの要素としてとらえています。地は質量をつくる力、水は引き寄せる力、火は熱であり変化させる力、風は引き離す力です。物質とは、そのような性質が構成されたものなのです。

そして、その物質の構成を認識するのは、心です。言い換えれば、心は地・水・火・風を知るのです。認識するのです。しかし、だれもこのことに気づきません。感情にかられて貪瞋痴でデータを捏造《ねつぞう》して、苦しみを司る俗世間的な知識世界を合成しているのです。

June
6月

Svākkhāto bhagavatā dhammo
sandiṭṭhiko akāliko
ehipassiko opanayiko
paccattaṃ veditabbo viññūhī ti.

世尊の法（ブッダの教え）は、
善く正しく説き示された、
実証できる、普遍性があり永遠たる、
「来たれ、見よ（だれでも試して確かめてみよ）」と言える、
実践する人を涅槃へ導く、
賢者たちによって各自で悟られるべき、教えである。
（長部16『大般涅槃経』他より「法の六徳」）

1日 教えが正しいものであれば

教えが正しいものであれば、その教えはだれからも守ってもらう必要はないのです。

だれがどう反論しようが、真理そのものは崩れることがありません。

批判しようという人がいたら、かえってそれを学んで納得してしまうのです。

「批判は禁止する」「疑問を抱くな」という宗教があれば、その一点だけをとっても、真理ではない。教えがまちがっていることがわかるでしょう。

2日　どうぞ批判してください

ブッダの教えは、「どうぞ批判してください」「自由に議論してくださ い」という立場なのです。

例えば、科学的に実証された真理を批判から守る必要がありますか。

それが真理であるのなら、「どうぞ、まちがっていると証明してみてください」と堂々としていられるでしょう。

3日 哲学的なことは生き方とは無関係

「宇宙の真理とは何か」「仏とは何か」などと、延々と論じても、意味がありません。

そのような論議は、生き方とはまったく関係ないことであり、それによって心が清らかになるわけではありません。

そのような哲学的なことより、「私自身が平和であるためには、どうしたらいいのか」と考えることが肝心です。

4日 真理は信じる必要がない

証拠にもとづいて成立した真理は、信じる必要がありません。

「地球が丸い」というのは客観的な事実だから、信じる必要がないようなものです。

「宇宙に生命がいるか」「神は存在するか」については、「信じるか、信じないか」ということになります。

なぜなら、それらについての客観的な証拠はないからです。

5日 ゴミの量を競う人々

人は「どうでもいいこと」にかこつけて、相手を潰《つぶ》そうとしたり、自分の強さや正しさを示そうとしたりします。

一生懸命に、「相手にみじんでもアラがないか」とさがそうとします。そして、「どうでもいいこと」をみつけては、先を争い、ケンカを仕掛けようとします。

ただでさえ生きることは苦しいのに、必死になって敵をさがす。好きこのんで争いを仕掛けて、そのうえ「争いがあるから苦しい」と、文句まで言います。人間は、そういう矛盾した存在なのです。

6日 つねに具体的なものが必要

私たちが信ずるもののほとんどは、信じても信じなくても、どうでもいいものばかりです。

宇宙に生命がいてもいなくても、いま生きている私たちには関係ないことです。

だからそれは、信ずる必要もないし、否定する必要もないのです。

私たちに必要なものは、抽象的な信ずる対象ではなく、つねに具体的なものなのです。

7日 信仰は足かせ

証明できないものに対しては、「信じる」か「信じない」かしかなくなります。例えば一神教の説く「神」のように。

そして、いったん信じることにすると、あとはただ、信仰して生きるしかないのです。信仰におちいると、それについて議論することも、疑問を抱くこともままならなくなります。森羅万象《しんらばんしょう》を客観的に、科学的に調べることもできなくなります。

信仰は、「智慧の開発」の足かせです。信仰は人の心に鍵をかけてしまうのです。ブッダは悟りをひらかれた直後に、「信仰を捨てよ」と説かれました。

8日　ブッダが説く「信」とは

ブッダが説く「信」とは、根拠もなく、言われるままに信じることではありません。何事も、自分でしっかりと調べて、理解して、納得していくことなのです。

仏教への「信」を確立するというのは、ブッダの説かれた真理を自分自身で調べて、理解して、納得することです。「信」は、「智慧の開発」と切り離せないのです。ですから、仏教が説く「信」は、「確信」と理解したほうがよいのです。

9日 確信は自由への道

世間のことであれ、宗教のことであれ、何でも言われるがままに信じるものではありません。

正しいか否か、なぜそのように言われるのかと、我々はしっかり調べて、自分自身の責任で納得していくべきです。このプロセスは、仏教が推薦する「確信」への道なのです。そういう態度を貫きとおせば、マインドコントロールされたり、支配されたりすることはなくなります。

自分で調べて、理解して、納得するという仏教の「確信」は、「信仰」と違って、自由への道なのです。

10日 「確信」と「信仰」の違い

「信仰」とは、教祖や言い伝えに説かれる「偉大なる力」にひれふすことを言います。偉大なる力に、正直に、真面目《まじめ》に、素直に従うことです。

そうなると、信仰と引き換えに、自分の自由を相手に預けてしまうことになります。自分の自由を失うのですが、弱い人にすれば、楽に生きられる道なのかもしれません。

仏教の「確信」は、「信仰」と違います。「確信」にいたる道は、自ら真理を発見して、究極の自由を獲得することで完成するのです。

11日 自分で吟味《ぎんみ》して納得する

真理だからといって、ブッダの教えをそのまま鵜呑《うの》みにする必要はありません。疑問があったら、納得いくまで調べて、吟味すればいい。それが仏教的な態度です。

もし自分に理解できないと思ったら、そこは保留すればよいのです。学び続けて、能力が向上すれば、仏説はすべて真理であると、自ら発見できるときが来るのです。

世間のことも、仏教の学び方を応用して勉強してみることです。世間の知識は真理とは限らないから、客観的・科学的に調べた結果、まちがいが明白になったら、それを捨てる勇気をもちましょう。

12日 神の意志ではなく物理法則

自信がないと、神の力とか、宇宙の力というようなものに頼ろうとします。

客観的な証拠がないにもかかわらず、いきなり結論に立って「まず信じよう」となってしまいます。「信仰」に沿って生きていこうとします。

しかし、世の中にあるのは、神の力ではなく、「変化する」という法則です。

リンゴの実が台風で落ちてだめになったのは、物理法則です。それは神の意志によるものではありません。

自我を捨ててみれば、神秘や迷信はなくなるのです。

13日 凝縮された真理

ブッダは、真理とは「普遍的でなければいけない。矛盾があってはいけない。例外があってはいけない。だれもが実践できることでなくてはいけない」と述べています。

アインシュタインの相対性理論が「$E=mc^2$」という単純な式に表されるように、真理というものは、凝縮された表現になります。

ブッダの教えには、そのような凝縮された真理が説かれています。

14日 強い人はいつも落ち着いている

気が弱くて怖がりな人は武器をもとうとします。自信のない人は強がります。

不満のある人は、派手に自己主張しようとします。抑圧された人は、権力や地位を求めて、抑圧の怨念《おんねん》を晴らそうとします。

本当に強い人、自信のある人、能力のある人は、他人の非をとがめて攻撃したりはしません。

そういう人は、自分自身に満ち足りていますから、いつも落ち着いています。

15日「いいこと」は実感でわかる

「なぜいいことをすべきなのか」と、あえて説明しなくても、それは自分の「実感」でわかることです。

道端のゴミを拾ったり、災害で困っている人々のために募金したり、落ちこんでいる友達に親切にしてあげたり、ほんのわずかでも「いいこと」をしてみてください。

いいことをした瞬間は大変に思っても、後からジワジワと、嬉しい気持ち、ほっと安らかな気持ち、心の落ち着き、清々《すがすが》しさといった達成感を味わえます。

「いいこと」が苦しいのは瞬間だけ。後は思い出すたびに、楽しいのです。

16日 「悪いこと」も実感でわかる

「なぜ悪いことをしてはいけないのか」ということも、自分で「実感」できます。

嘘をついたり、殺生《せっしょう》したり、他人に迷惑をかけたり、悲しみを与えたり、そういう悪行為をすると、自分自身が悩み苦しむ結果になるのです。

悪いことをした瞬間は何とも思わなくても、後からジワジワと心がざわめいて、嫌な気持ち、いたたまれない気持ち、落ちこみ、後悔の念などを味わうのです。

「悪いこと」が楽しいのは瞬間だけです。後は思い出すたびに、苦しくなるのです。

17日 苦しみが苦しみをよぶ

悪いことをする人は、悪行為をする前から、悩み苦しんでいるのです。そして、そこから逃げるために悪事を犯します。楽を感じるのは行為の一瞬だけで、その直後から、また苦しむのです。

さらに時間が経っても、過去の悪事を思い出して延々と苦しむことになります。

前もって苦しみ、行為の直後から苦しみ、後になっても苦しむ。苦しみが苦しみをよぶのです。

たとえ悪事がバレなかったとしても、自分自身が受ける苦しみ（悪業）からは、けっして逃れることはできません。

18日

自分を評価して生きている

私たちは、いつでも自分を評価して生きています。
そして、自分にはつねに高得点をつけたいものです。
悪いことをすれば、自分の良心が、自分に高得点を入れることはありません。
自己採点して、自分が落第生になるのはとてもつらいことです。
悪いことをやめるならば、つねによい得点を自分に与えることができます。

19日 悪いことは、小さなことでも悪い

「悪いことは、どんな小さなことでもしてはいけないのだ」と心に決めましょう。

「小さなことだから。たった一回だから」となると、どんどん麻痺《まひ》していくからです。「千円くらい、どうってことはない」と、ごまかし続ける人は、最終的には何千万円のごまかしもするようになります。

小さな嘘をつく人は、やがていつも平気で嘘をつくようになってしまうのです。

恐ろしいことは、それが心のクセになってしまうことです。クセになったら、もとに戻すのはたいへんです。

20日 みっともない事実を諭《さと》す

悪事を犯すことは、世の中の恩恵を受けていて、その恩を仇《あだ》で返すことです。それは、とてもみっともないことです。

悪いことをする人は、勇気も自信もない腰抜けなのです。だから「悪いことをするのは、みっともない」と諭すことができるのです。

怒ることでも、無視することでも、ほめることでもない。そのみっともない事実を諭すことがいいのです。

21日 「いいこと」と「悪いこと」

「いいこと」とは、「自分が喜び、他人も喜ぶ」。そして、「後悔しない」ことです。「悪いこと」とは、「自分が苦しみ、他人も苦しむ」。そして「後悔する」ことです。

自分には喜びであっても、他人に迷惑をかけるのは、いいことではありません。

また他人には喜びであっても、自分が苦しむのも、いいことではありません。

わずかでも後悔すると思うならば、そういう行動はやめましょう。

22日 いいことをする目的とは

「いいこと」をすれば、「いい結果」があります。これには例外はありません。

「そこそこの結果」しかないのは、「そこそこのこと」しかしていないからです。

「いい結果」を得るために、「いいこと」をしようとすると、期待どおりの「いい結果」が出なければ、不満や怒りが出て心は汚れていきます。それでは、「いいこと」にはなりません。

「いいこと」をする目的は、心を清らかにすることです。その目的であれば、期待しても期待しなくても「いい結果」が出ます。

23日

自然にいいことができるようになる

いいことをするには、まずは、「いいことをしよう」と心に決めることです。

そうすると、いいことをする機会は、いつどこにでもあることがわかります。

電車に乗っていて、お年寄りや体が弱い人が目の前にいれば、すっと席を立つことができます。自然に立てば、何のこともなく座ってもらえるのです。

何事も、自然にさっと、いいことができるようになればいいのです。

24日 いつでもできるいいこと

いいことをしようと思っても、「何をしたらいいのかわからない」「自分にできることなどない」という気分になるのです。それまでやったことがないのだから、無理もありません。

でも、お年寄りに電車の中で席を譲るようなことを、毎日、一つ二つでもやってみるのです。

そうやっていると、いつでもできることが身のまわりにあふれていることに気づくのです。

やがて自然と、さっといいことができるようになるのです。

25日 大事な栄養

人間の栄養となる食べものは、米やパン、野菜や肉などだけではありません。それらは肉体に与える物質に過ぎません。

私たちが「みるもの、聞くもの、嗅《か》ぐもの、触れるもの、思考するもの」も、大事な栄養です。

これらも食べものと同じように、汚れたものはとってはならないのです。気をつけて、清らかなものをとるようにしましょう。

26日 心にも清らかな食べ物を

心にも栄養が必要です。「何かをしたい」という意思も栄養です。何かをしなければ気がすまない、いつも何かをやりたいという気持ち――、それらも栄養なのです。

心は、自分自身が栄養となって、次の心をつくるのです。清らかな心を栄養として、次につくられる心はまた清らかです。心に汚れが入ると、次につくられる心も汚れてしまうのです。

だから身体の健康のために食べ物を清潔にするのと同じく、心の健康のために「いまの心」をつねに清らかにしておかなければいけません。

27日

自らの経験を語ろう

世の中では、愛や平和や道徳がしつこく語られています。しかし、私たちの耳にはうるさくしか聞こえません。そのことばに重みがないからです。ただ説教しただけでは、世の中はよくなりません。言う人がまず実行して、経験して、自分の体験を語るべきです。

人が経験を語る場合は、みんな耳を傾けます。迫力があるので、真面目に聞くのです。

28日 説教師は嫌われる

如来（仏）の定義のひとつに、「説いたとおりに行う。行ったとおりに説く」「行ったことを説く。説いているとおりに行う」ということばがあります。

私たちも、他人に語るように自分でも行うようでありたい。自分が行ったことを、他人に教えてあげるようでありたいものです。

自分で行わず他人に言うのは、ただの説教です。人々はうるさいと思うでしょう。説教師が嫌われるのは、当たり前のことです。

29日 人には説教をしたがる

私たちは、説教されるといい気がしません。

ところが他人には、「しっかりしなさい」「がんばりなさい」「ちゃんとやりなさい」と言うのが大好きです。

でもそれは、「私の言うとおりにやってもらいたい。でも私のことは、ほうっておいてほしい」と言うのに等しいのです。

30日 説教しても世の中は変わらない

人に説教しても問題は解決しません。

説教された人は、別の人に対して、同じように「しっかりしなさい」と言うでしょう。

そして、その人はまた別の人に、同じように説教します。

――それでは、いつまでたっても世の中は変わりません。

July
7月

Atītaṃ nānvāgameyya,
Nappaṭikaṅkhe anāgataṃ;
Yad atītaṃ pahīnaṃ taṃ,
Appattañ ca anāgataṃ.
Paccuppannañ ca yo dhammaṃ,
Tattha tattha vipassati;
Asaṃhīraṃ asaṅkuppaṃ,
Taṃ vidvā manubrūhaye.

過去を追うことなく、また未来を願いゆくことなし。
過去はすでに過ぎ去りしもの、未来はまだ来ぬものゆえに、
現に存在している現象を、その場その場で観察し、
揺らぐことなく動じることなく、智者はそを修するがよい。

（中部131『「日々是好日」経』より）

1日 妄想の猛毒

妄想は猛毒です。

妄想があるがゆえに、ストレスが起きます。

妄想があるがゆえに、人生何をしても苦しみと失敗で終わるのです。

だから、まずやるべきことは妄想を停止させることです。

2日 妄想は精神的なダメージ

「忙《いそが》しい」と言う人は、じつは頭の中で妄想がグルグルと回っているのです。

無駄に生産性のない妄想に時間を取られているのです。さらにそれは、精神的なダメージにもなります。

忙しく動き回らなくても、妄想を止めるだけで、必要なものはぜんぶそろってきます。

3日 頭をよくする方法

知識や複雑な概念をたくさん頭に蓄えることが、知識人の条件だと思われています。

しかし、知識や概念をやみくもに集めたところで、そのままでは使えません。論理的にきちんと整理されていなければ、その情報には意味がないのです。

心を混乱させる「妄想」の渦巻きが消えれば、わざわざ知識や概念を集めようとがんばらずとも、必要に応じて、情報が整理されて引き出されるのです。

頭をよくするもっとも効率的な方法は「妄想しないこと」です。

4日 妄想が狂わす人生

我々は妄想のせいで、自分の「能力の器」に穴を開けています。妄想のおかげで、これまでできたこともできなくなったり、もっていた能力も失ったりして、人生の歯車が狂うことも珍しくありません。

妄想をやめること。つまり、「過去」と「将来」に心をさまよわせず、いまに気づいて生きること。それこそ、ブッダの説かれた「能力向上」の秘訣《ひけつ》です。

妄想を止めるために、気づきを精進するのです。心を暴走させることなく、いまの瞬間に付けておく訓練をするのです。

5日 唯一の希望を壊さないで

仏教ではなぜ、口をすっぱくして妄想の悪口を言うのでしょうか。それは妄想が、人間にとっての唯一の救いである「理性」を壊してしまうからです。

「輪廻《りんね》の海」におぼれている私たちは、生き残るための唯一の希望として、理性という浮き輪につかまっているのです。

妄想して怒り・憎しみ・欲にふけることは、おぼれた人が自分の浮き輪にブスブス穴を開けるようなものです。人間がいくら失敗したとしても、理性だけは壊してはならない。だから、けっして妄想を甘くみてはいけません。

6日 「いま・ここ」が妄想を止める

妄想を止めるには、どうしたらいいのでしょうか。「いま・ここ」の自分を観察することで、妄想は止まります。そのために、具体的なやりやすい方法があります。

いま行っていることに、心を集中させるのです。心がいまより一分前（過去）のことにも、一分先（未来）のことにも、引っかからないようにするのです。そうすると、妄想が止まります。

でも、油断しないでください。心は「いま・ここ」から脱線したがるのです。心は、破壊的な妄想が好きなのです。そんな心のからくりに負けないように。

7日「いまやるべきこと」をやる

私たちは妄想に時間を費《つい》やして、「いまできること」をきちんとやっていないのです。

そうなると、やがて自己嫌悪に陥ってしまいます。自己否定から、未来へ希望をふくらませます。すると、ますます「いまできること」をやらなくなってしまいます。

「いまできる、やるべきこと」をきちんとやるのです。そこによけいな思いも入れないで、たんたんとやるのです。

その時点で、人生は楽しくなっているはずです。

8日 やるべきことは、目の前にある

「何をしていいのかわからない。教えてほしい」と訴えてくる人が、よくいます。

私は「そんなこと、知るものか」と、言いますよ。

そういう人は、妄想に時間を費やしているだけです。自分をみようとしないで、人から評価されたいという思いだけがあるのです。

自分は何をしたらいいのか――、それは、目の前にあるでしょう。

そのときやるべきことは、つねに目の前にあるのです。それをたんたんとやればいいのです。

9日 空気を読めない人

世間では、「空気を読めない」ことに悩む人が多いようです。空気を読めないのは、じつは、妄想しているからです。

妄想する人は、過去の時間に生きているのです。過去について何か考えていると、「いま」の空気は読めません。ただ肉体が現在にあるだけで、心はずーっと実在しない過去に行ったきりですから。

現在を生きる人、妄想しない人は楽々と能力を身につけます。何も考えず、ただ、いまするべきことをしているからです。「いま・ここ」で何をするべきかと知っている人には、空気が読めるのです。

10日 妄想する人生は虚しい

過去に足をとられている人にとって、現在はとてつもなく大変なことです。未来を妄想する人にも、現在は理解できません。未来を推測しても、それは過去の知識の組み合わせです。過去のことを妄想しても、未来のことを心配しても、人は結局、過去の概念にとらわれているだけなのです。頭の中で同じことを繰り返し、過去の認識を回転させているのです。

妄想する人は、現在に生きてはいないので、いたずらに大切な人生の時間を浪費します。ただ老いるだけで何の人格的成長もないまま、虚しく人生を終えるのです。

11日 妄想が退くと幸福があらわれる

仏教の修行とは、端的に言えば「妄想をやめること」です。「過去に生きるなかれ」という実践です。

ルームランナーを走っても、マラソンに参加したことにはなりません。マラソンで最下位になっても、参加して走ったほうがカッコいいのです。

過去をさまようのではなく、いまに気づきながら、現在を生きることです。そうすれば、困ったり悩んだりすることにはなりません。「いまを生きる」その瞬間から、人は幸福になっているのです。

12日 「私」という実感の正体

すべての人間の苦しみも悲しみも、あらゆる問題は、「私」という実感がつくりだしています。その実感は、「私の家族」「私の会社」「私の国」と拡大されて、他との対立、あつれきをもたらします。

「私」という実感があらわれるたび、人はわがままになって、物事がみえなくなって、かたくなになってゆくのです。

ほんとうは、「私」は、流れる川のようなもので、生きるという「流れ」に過ぎないのです。「私」という実感は、流れる川を止まっていると認識するような、錯覚《さっかく》です。

13日 体のために心を汚す

「菜食主義なので、肉は絶対に食べない」とか、「○○を食べれば絶対健康になる」とか、食に異様にこだわる人がいます。

それらの考えは、客観的な事実というより、単なる自分の思いこみであり、いわば妄想概念です。主義や観念に引っ張られると、食事のたびに、体に大きな負担がかかるのです。

食べものに対して、○○主義をつくったりグルメに走ったりすると、執着や嫌悪が生じて、心が汚れてしまいます。体を維持するために心まで汚すなんて、無知で愚かなことではないでしょうか。

14日 相手に対して上ではない

会社では、仕事の段取り、組み立て方、ことばの使い方、それらを確実に教えなくてはいけません。

ことばづかいには、よく気をつけましょう。「やってくれますか」と「やりなさい」では、相手の受け取り方が、だいぶちがいます。人の心をけっして痛めつけてはいけません。すべての生命は平等です。上司といっても、部下よりも上等な存在というわけではないのです。「自分が偉い」というのは、根拠のない妄想です。

そこをかんちがいすると、失敗します。

15日 無駄な知識はいのちとり

役に立つ知識は宝になりますが、何の役にも立たない知識はゴミです。

世の中では、テレビや週刊誌などから、興味本位に情報が垂れ流されています。

それらは、欲望をあおって不安をかき立てるだけの無用な残飯のようなものです。

無駄な知識は不要なだけでなく、かえっていのちとりにもなります。

あまりによけいなことを考えすぎて妄想が膨《ふく》らんでしまいます。そのため、いまやるべきことがおろそかになって、いつも不安と焦りで追い立てられているような生き方になってしまうのです。

16日 知識ではなく智慧が不可欠

知識は、なくては困ります。

しかし、ありすぎても困るのです。

知識は増えれば増えるほど、人生は重くなります。そして、その知識はいつか消えてしまいます。

欠かせないものは、知識ではなく、智慧なのです。

智慧とは、その瞬間その瞬間に、正確に何をなすべきか、ひらめくことです。

17日 智慧はいつでも正しい答えを出す

智慧には主観がありません。主観のないとき、智慧があらわれるのです。

主観がないと、あるのは、できごとだけ。そのときには、いつでも唯一の答えがあります。そこに選択はないのです。だから、智慧のある人は、いつでも正しい答えが出せるのです。

コーヒーがこぼれたら、「雑巾《ぞうきん》で拭《ふ》く」ということが答えでしょう。知識で考えると、「いま拭かなくてもいい」とか「ほうっておけばいい」とか、選択肢がたくさん出てきます。しかし、どれも唯一の正しい答えではありません。

18日 ブッダが悩まないのはなぜか

ブッダが安らぎに住しているのは、智慧があるからです。

ブッダがなぜ悩まないのかというと、智慧によっていつでも正しい答えをもっているからです。

ブッダにとっては、どんなことが起きてもかまわないのです。瞬時に正しい対応がひらめくからです。

智慧のない人は、何かあったら「どうしよう、どうしよう」と悩むのです。

19日 「得たもの」と「なったもの」

知識はやがて消えますが、智慧は消えません。

智慧は、主観を破った状態であらわれます。それは、特別な「何かを得た」ことではないのです。

「なった」世界です。

知識のように「得たもの」は重いし、智慧のように「なったもの」は重くはないのです。

20日 考えない人は頭がいい

あれもこれも、とりとめもなく考えるのは、じつは「考えていない」ということなのです。

深く考えているようでも、それでは智慧ある人とは言えません。

智慧ある人は、すぐに答えがみえるので、考える必要がないのです。

21日

いちばん効く薬は、慈しみと智慧

心の頑固さという錆《さび》は、たえずきれいに落としておかなくてはいけません。ほうっておくと、ますます錆びてしまうからです。

心の錆にいちばん効く薬は、慈しみと智慧です。

慈しみと智慧によって、心の錆が消えるだけではなくて、錆びる原因までなくなってしまうのです。

22日 「何もない」ことが智慧

智慧とは、特別に「何かがある」ことではありません。じつは、「何もない」ことなのです。

心の中に、ある価値判断や尺度をもっていると、それに当てはまるもののしかみえません。何か知識にしがみついていると、それで頭がいっぱいで、他のものが入らなくなってしまいます。

頭の中に何もない場合は、そのときそのときに、何でも入ってしまい、理解がはやいのです。

さらに、得たものに執着しないでもち運ばないのが、智慧のある人なのです。

23日 一切の概念から解放される

智慧があるというのは、心の中に先入観や価値判断がなく、さまざまな概念で固まっていないことなのです。

一切の概念から心が解放された状態です。

価値判断にしがみついたり、知識にしがみつくと、心は柔軟性を失って固く狭くなります。その心には、新しいものは何も入りません。

智慧ある人の心には、何でも入ります。その瞬間に判断もできます。

しかし、それによって執着することもなく、また空《くう》に戻るのです。

24日 智慧は水のようなもの

氷や雪には形があるので、扱《あつか》いにくい。水は、何も形がないので、どんな形もとれます。

知識とは、いろいろ学んで氷のように、形をつくることなのです。たとえ美しい氷の作品であっても、それは固いのです。

智慧は水のようなものです。形はありませんが、その都度その都度、何の抵抗もなく、容《い》れものの形をとります。

だから、智慧のある人には、解決できない問題は何もないのです。

25日 無明《むみょう》が破れる

真っ暗な部屋に電灯が点くと、部屋中がパッと明るくなります。あちこち動き回って、一つひとつ触れてみなくても、どこに何があるのか一目瞭然《りょうぜん》です。

一ヶ所に止まって、部屋の中のすべてのもののリストをつくることさえ可能です。

このように、無明が破れ智慧の光があらわれる状態を、ブッダは「悟りの境地」と言っておられるのです。

26日

お金がほしい、売上がほしい

ただ単に、「お金がほしい」という人生は危険です。

だらしない人にお金があれば、ギャンブルに走ったり酒を飲んだりよけいなものを買ったりしてしまいます。

世の中が自然を破壊したりして狂っていくのは、ただ単に「お金がほしい」「売上がほしい」という心が暴走するからです。それは、恐ろしい病気なのです。

単に「お金を稼ぐぞ」というのではなく、具体的にいま何が必要なのかを明確にしておくことです。すると、かならずうまくいきます。

27日 あなたは何者か

私たちは、いつでも「考え」が先にあります。

考えてから喋る。

考えて行動する。

だから、「あなたは何者か」ということは、「あなたが何を考えているのか」で、わかります。

暗い思考をもっていれば、暗い人になります。汚れた思考をもっていれば、汚れた人になります。

明るい心でいれば、明るい人になります。

28日 何かをしなければという思い

生命は、目的なく走り続けています。

いつも何かを探し、いつも走りまわっているのです。何もしないでいると苦しいからです。

不安と苦しみのため、「何かをしなければいけない」と、焦っていろいろなことをやっているのです。

これが、生命というものの本質です。

この不安と苦しみの消えた状態こそ「悟り」なのです。

そういう境地に至った人は、落ち着きと安らぎに満たされています。

29日 どんな人がカッコいいか

幸福になる知識をもっている人が、カッコいいのです。

何でもかんでも知っているだけの人は、かえって煩《わずら》わしい。必要なデータなら、インターネットで検索すればすぐに得られるでしょう。知識だけでは、カッコよくありません。

知識を有効に使えるノウハウのある人がカッコいいのです。その人こそが、うらやましがられるのです。

30日 快楽は幻覚の幸福

酒を飲むと酔って、幸せだという錯覚が起こります。麻薬を服用すると、苦しみを忘れて妄想に入りこんで、幸福だと錯覚します。

だから、ますます依存する。しかし、薬が切れるとひどい苦しみを感じます。一回麻薬を使った人は、やめられなくなるのです。ついには、廃人になるまで使い続けます。

酒や麻薬で得られるものは、ただ一時的に苦しみを忘れさせる快楽だけです。

それは錯覚、幻覚の幸福で、人を破滅に導くものです。

31日 日々学ぶ人

人に何か言われて、腹が立つのは、「自分が正しい」と思っているからです。

「私は知らない」と思えば、「これはどうやるのでしょうか。教えてください」と素直に訊《き》くことができます。すると、みんな親切に教えてくれます。

「自分は未熟だ、知らないのだ」ということに気がついている人は、日々学びます。人間関係も円滑になっていきます。

August
8月

Pare sandiṭṭhiparāmāsī ādhānagāhī
duppaṭinissaggī bhavissanti,
mayamettha asandiṭṭhiparāmāsī
anādhānagāhī suppaṭinissaggī bhavissāmāti
sallekho karaṇīyo.

他人は自分の主観にとりつかれ、
しがみつき、捨てられないでいるが、
我々は自分の主観にとらわれず、
しがみつくことなく、簡単に捨てられるように戒めよう。
（中部８『サッレーカ経』より）

1日 「原因と結果の法則」どおりになる

ものごとは、うまくいくかどうか、わからないものです。

「うまくいく・いかない」「成功・失敗」というのは、客観的なことではなく、自分の主観です。

ものごとは因果法則で動いているのだから、よい結果を期待するならば、その原因を調整することです。原因に適した結果があらわれるのであって、期待した結果にはなりません。リンゴの種を蒔《ま》いてモモが食べたいと思っても、かなわない希望です。

原因を無視して、よい結果だけを期待するのはまちがいです。

2日 「私は正しい」が問題をつくる

「私は正しい」という心から、怒りも嫉妬も、落ち込みも傲慢《ごうまん》も、舞い上がりも、あらゆる感情が生まれてきます。

その心が、いろいろな問題をつくるのです。

「私は正しい」というのは、客観的に成り立たないことなのです。それは、わがままな恐ろしい思考です。

しかしみんな、「私が正しい」病に感染しているのです。

3日　解決できないことは何ひとつない

すべてのものごとは、起こるべくして起こるのです。

ところが自我は、ものごとを「起こさせよう」とか、「止めさせよう」とします。そこに問題が起きるのです。

自分という枠にとらわれた主観を消してみれば、ものごとが客観的にみえてくるのです。

そこにあるのは、ただ行為だけですから、何のこともなく整理整頓できます。

客観的になった人にとっては、解決できないことは何ひとつないのです。だから人は主観を捨てて、客観的になるべきです。

4日 正真正銘の負ける生き方とは

みんな主観でものごとをみています。主観でみると、自分だけの世界が立ち上がってしまいます。

すると、世界に対立して生きていくことになります。人は世界と対立はできません。対立すれば、その人は、必ず負けるのです。

だから、主観で「私はこう考えるのだから、これこそ正しい」という生き方は、正真正銘の負ける生き方になるのです。

5日 よくなろうとすると悪くなる

自分を価値判断しながら、よい人間になろうとすると、うまくいきません。

自分の主観で自分を判断するのだから、客観的ではありません。まずまちがえます。そして、自己嫌悪に陥ったり傲慢になったりします。

「よくなろう」とすることで、かえって逆効果で悪くなっていくことも、たびたびあります。

よい人間になるために、まず自分を価値判断する癖をやめることです。

6日

「行為」だけがある

自分を判断しようとしても、ほんとうは判断の対象となる「自分」はいないのです。

そこにあるのは、「行為」だけです。

自分と呼んでいるものは、歩く、喋る、寝る、考える、食べるなど、無数の行為の連続なのです。

どこにも、自分などいないのです。

7日 そのまま行為として感じる

歩く、喋る、寝る、考える、食べるなどの行為を、そのまま行為として感じてみてください。

何の判断もせずに――。

そうすると、いままで起きてきた煩わしい人生の問題が、いとも簡単に解けていきます。生きるとは、笑ってしまうほどシンプルなことだと発見するでしょう。

そして、心は究極的に清らかになるのです。

8日　錯覚を破って自然体で生きる

自我というのは錯覚の産物です。

それを発見した人の心は、想像を絶するほど軽くなるのです。ちょっと言葉では表現できないくらいです。

「無我」だとわかれば、ものごとに、好きだ、嫌だ、苦しいのだ、大変だ、などなどの判断をすることはなくなります。

しかし、一日元気でいるのです。無理をして体と心を痛めることも、怠けて後で悩むはめになることもないのです。

自我はないと発見した人は、自然体でだれよりも最高のはたらきをしてみせるのです。

9日

自分も他人もいない

主観のない人だけが、客観的・普遍的にものごとをみるのです。
自分がない人にとって、自分も他人もいません。
そこには、自然法則の中で起こる「行為」の連続だけがあるのです。

10日 正解はたったひとつ

主観で、ものごとを解決しようと思っても、できません。

ひとつの問題について、一人ひとりが主観的な解決策をもっています。けれども、ひとつの問題に無数の答えがあるはずはありません。

正解は、たったひとつです。

それを発見するために、主観という自分だけに限ったカラを破らなくてはならないのです。

11日 主観を破ったところに智慧がある

智慧とは、どんなときにあらわれるのでしょうか。
主観を破られたところに、智慧があるのです。
何かの見解、尺度、見方、立場などがなく、心が解放された状態なのです。
空気をみてください。何の形もなく、何の抵抗もなく、自由にどこにでも入ります。
智慧も同じです。生きるうえで起こるいかなる問題も解決してしまうのです。

12日 意見の対立は争いの根源

議論とは複数の意見を戦わすことです。激しく議論をして、やっと結論に達したとします。しかし、その結論もまた、「もうひとつの意見」に過ぎないのです。古い考えが捨てられて、頭の中に新たな考えがあらわれるだけのことです。

ブッダは、「議論で最終的な真理に達することは不可能」と説かれました。

それどころか、議論を起こす「意見の対立」は、夫婦喧嘩《げんか》から戦争まであらゆる争いの根源だと警告されたのです。

私たちは議論の限界と、その高いリスクをよく理解しなければなりません。

13日 最後は人格者として死ぬ

何を学んでも人は歳をとって死ぬわけです。と言っても、ただ楽しいだけの学びでは、結局、もったいない。

生きる支えにならないものは、学ぶ必要はありません。人格が向上することを学べば、自分のものになるのです。失われることはないし、生きることの支えになり役に立つのです。

人格が向上することを学び続けていけば、だらしない人間として生まれたとしても、死を迎えるときは、偉大な人格者となっていることでしょう。

14日 世の中は問題ばかりと言う人

「世の中は問題ばかりだ……」と言って困った顔をする人がいます。
しかし、この世で問題にならないものが、何ひとつとしてあるでしょうか。
よくみてみると、私もあなたも、かなり問題です。
世の中のできごとも、すべて問題です。
息を吸っても埃《ほこり》やら細菌やらを吸ってしまうから、一回の呼吸すら問題です。
一切の現象が問題だらけなのです。
すべてが問題ならば、それが問題だと悩めるでしょうか。

15日 問題という海に浮かんでいる

ひとつの問題が、別の問題に対して、「それは問題だ」とは言えないのです。

そもそも私たちは、問題という海に浮かんでいるようなものです。問題のあるなしとは関係なく、「自分がいる」ということが、ほんとうの問題なのです。

16日　問題を生む「私」という幻覚

世の中は問題だらけでどうしようもないのです。問題以外、何も存在しません。

しかし、私たちは、問題のあるなしに関係なく、「自分がいる」と錯覚しています。

「自分がいる」という幻覚が、現実に対して攻撃しても、現実は変わりません。

「私」という幻覚を破るのが先決です。

17日 あるのは問題だけ

世の中で、問題がいつまでたっても解決できないのは、一人ひとりが主観的だからです。

主観的に物事をみていたら、いくら考えても解決しません。主観は自分勝手な好みですから。

自分の問題でも、他人の問題でも、ものごとは主観を離れてしまえば、あるのは、ただ客観的な「問題」だけです。

そこには、自分も他人もないのです。

そのようにみることができれば、おのずと答えは出てきます。

18日 ありのままの事実で争いは消える

物事をありのままにみるならば、真理はひとつであることが発見できるのです。

すべての生命は自分の見方をもっています。だから、無数の知識があらわれてくるのです。すべてが、「自分にはどのようにみえたか」ということでしかないのです。

それでは、真理に達することはできません。

真に知るべきものは、ありのままの事実なのです。ありのままの事実を知ることによって、一切の争いが消えるのです。

19日 ほんとうの森の姿をみる

何かをさがす目的で森に入る人に、ほんとうの森の姿はみえません。キノコをさがしに森に入った人は、木の下のキノコにしか興味がないので、森がみえなくなるのです。

そして、キノコが一本もみつけられなかったら、「今日は無駄だった、残念」ということになります。彼には森はみえません。

何の先入観もなく森で遊ぶ人には、動物、植物、さまざまなものが目に入ります。森を知って帰るのです。これが、先入観がある人とない人の差です。

20日 「これは何だろう」とつねに探検

先入観のない人は、「これは何だろう」と、つねに探検するのです。
そうなると人生はおもしろくなるし、理解能力が積み重ねられていきます。
先入観のない人は、やがてすべてのものごとのありさまを発見する可能性があります。

21日 喜び悲しみを越えている

執着がないと大喜びもないし、「うわあっ残念だ」ということもありません。たんたんとしています。

喜び悲しみを、越えているのです。山の頂上に登って下界の人々をみるような感じなのです。

執着がない人は、小さな子供が興奮して騒いでいるのを、たんたんとみているような感じなのです。子供と同じように、大喜びしたり落ち込んだりするわけではないのです。

22日 いつでも「客観的な事実」に基づく

ブッダの説法は、「私の言うことを信じなさい」「信じないと大変なことになるのだ」という脅《おど》しではありません。

「これはよくないから、やめなさい」とか「ああしなさい、こうしなさい」と命令することはありません。

説法に疑問を投げかける人がいたとしても、それをとがめるようなこともされませんでした。

いつでも、「客観的な事実」に基づいて説法したのです。

23日 終着点はどこか

人間は不完全なのです。

不完全だから、少しずつ進歩していかなければいけません。

その進歩というものは、いつやめるのでしょうか。

終着点があるとしたなら、「これ以上は進歩というものが成り立たない」と発見した時点です。

24日 自分は不完全である

人間というものは、「自分は完全だ」「自分のやっていることは、まちがいない」と思いたいのです。

だから、まちがいが起きて失敗すると、「私はダメだ」と落ち込んだり、破壊行動に出たり、他人のせいにして非難したりします。

けれども、「自分は不完全である」ということが真理なのです。

25日　自分はいつでも失敗する

「私は不完全な人間だ」と知ることで、つねに自分に気をつけるようになります。

「自分は不完全だから、いつでも失敗する可能性がある。まちがいを起こす可能性がある」と知っていれば、つねに気をつけて生きるようになります。

「自分は不完全だ」と知っている人は、「完全」に到る道を歩むことができるのです。

26日 自分の過ちを認めているか

人が罪を犯したといっても、厳しく叱ったり非難したりするのは無意味です。なぜなら、まちがいを起こさない人はいないからです。

不完全な私たちは、どうがんばってもどこかで失敗してしまうのです。

大事なのは、自分が過ちを犯したことを認めることです。「あやまちを犯しました、たいへんすみませんでした」と、ちゃんと認める人は、同じ過ちは二度とくり返しません。

その人には、過ちを犯すたびに、成長する道があらわれてくるのです。

27日 自分はろくでもない

「人間はすばらしい、尊い」という考え方よりも、「私たち人間は、ろくでもない」というところから始まったほうがいいのです。

「だらしなくて情けない人間である」という認識でいないと、人間はどんどん傲慢になっていって、平気で他の権利やいのちを奪います。

「本来、自分は情けないものなのだ」と認識する人は、日々、よい人間になろうとするのです。

28日 心は楽なことから行う

心はいつも楽なことを選びます。

心は慣れているもの、クセになっているもの、簡単に行えるものを、先に選ぶのです。

心というものは、厳しく管理されているときは、おとなしくしていますが、隙《すき》が出たら、楽な方向に走ってしまいます。

心は汚れやすいのです。自由があったら、心は悪を行おうとするのです。人生はほうっておけば極悪人で終わるのです。

29日 怠け心を絶った瞬間から

人間というのは、本来は怠け者です。

「金はほしいけど、仕事はしたくない」と言う人がいます。仕事を頼まれると嬉しいのですが、やがて苦しくなるのです。それは怠け心のためです。

楽しく生きたいのだったら、怠け心を絶つしかないのです。

怠け心を絶った瞬間から、人生はとても楽しくなります。

30日

コンパクトに言うには

上司に報告するときには、なるべくコンパクトに言うことです。

えんえんとまわりくどい話をされると、聞かされるほうはイライラします。よけいな時間が取られると思って、嫌がられます。

主観を抑えて客観的に、「この問題はどうしましょうか」とコンパクトに言えば、相手も判断しやすいのです。

31日 考えることをやめるには

コンパクトに言うには、頭で考えることをやめればいいのです。考えてものを言うと、うまくいかないのです。考えすぎると、精神的に疲労してしまって、いい結果が出ませんし、時間も無駄になります。主観で考えると、整頓されていないのでコンパクトにならない。感情的な思考をやめれば、ものごとはきちんと整理されます。

September
9月

Ajjeva kiccaṃ ātappaṃ,
Ko jaññā maraṇaṃ suve;
Na hi no saṅgaraṃ tena,
Mahāsenena maccunā.
Evaṃ vihāriṃ ātāpiṃ;
Ahorattam atanditaṃ;
Taṃ ve bhaddekarattoti,
Santo ācikkhate muni.

今日こそ努め励むべきなり、だれが明日の死を知ろう。
されば死の大軍に、我ら煩《わずら》うことなし。
昼夜怠ることなく、かように住み、励む。
こはまさに「日々好日」と、寂静者なる牟《む》尼《に》は説く。
（中部131『「日々是好日」経』より）

1日 願いをもつよりも大切なこと

多くの人は、願いをもつことは、すばらしいと思っています。

しかし、そうではありません。

願いをもつのは、いまの自分を受け入れていないからなのです。

未来への願いをもつよりも、「いまの自分は何ができるか」を考えたほうがいい。「いまの自分を、どう向上させていくか」が大切です。

いまに徹する生き方になれば、もっていた願いより、さらに先に進むことだってあります。

2日 いま何をやっているか

「行為」と「結果」は、宇宙の法則です。
「行為」が先で、「結果」は後に出ます。
「いま」というのは、いつでも「過去」の結果です。
それは、すでに結果が出てしまったことです。だから、悩む必要はないのです。
いま何をやっているかによって、次の結果が出ます。
つねに「いま」、いいことをしておけば、次はいい結果が出るのです。

3日

人生とは、瞬間瞬間の連続

人生とは、瞬間瞬間の連続です。私たちは、瞬間瞬間にしか生きられません。

いまの瞬間になすべきことは、つねに「具体的」です。

それは、話を聞くことであったり、ものを片づけることであったり、つねに「具体的」にあるものです。

いまこの瞬間になすべきことをよく知り、それをきちんとやる。それで、何の問題もなく人生はうまくいくのです。

4日 いまの瞬間のことだけやる

いまの瞬間に集中して、いまの瞬間のことだけやれば、人間に不可能なことは、何もないのです。

乗り越えられない苦しみはないのです。いまの瞬間に徹して、いまの瞬間を十分に生きる人は、悩みもないし、失敗もないし、充実感があります。

5日 「どうすれば」「次にどうするのか」

失敗したことを「何でこうなったのか」といくら考えても、意味がありません。

なったことは、なったことなのだから。

大切なのは、

「ではどうすればいいのか」

「次にどうするのか」

と考えることです。

6日 つねに具体的でシンプル

いまの瞬間になすべきことは、「具体的」で、とてもシンプルです。
だから、成し遂げやすいのです。
ちゃんと完成できるものです。
いまの瞬間に生きる人は、人生そのものを完成させることができるのです。

7日 行為を喜ぶ人になる

人は、「結果を喜ぶ人」と「行為を喜ぶ人」の二つに分けられます。

結果というものは、どうなるかわからないのです。

結果よりも、行為を喜ぶことが大切です。そうすれば、何事も楽しく行えるのです。

楽しく行う行為は、ほとんど失敗なくできるものです。言うまでもなく、よい結果があらわれます。

8日　結果は瞬間、行為は長い

結果を気にする人は、けっしていい仕事はできません。スポーツでも優勝だけを目的にしたら、やっている人も苦しくなります。

毎日の練習が楽しくて仕方がないというほうがいいのです。そうなれば、優勝してもしなくても関係ありません。

結果というのは、瞬間のできごとで、すぐに過ぎ去ってしまうことなのです。

けれども、行為はずっと長い間続くものです。その行為を、喜んでできることが大切です。

9日 結果よりも行為を考える

自分が精一杯がんばったなら、それが結果でしょう。

自分でできる範囲のことしかできないのだから、出た結果は、それで仕方がないのです。

結果を考えるべきではなく、行為を考えるべきなのです。

失敗の多い人は、結果ばかり考える人なのです。

10日 無邪気な子供のように

小さな子供をみてください。シャツのボタンをはめられたとか、自分で靴を履《は》けたとか、ささいなことに大喜びしますね。

私たちも、毎日の出来事に対して、子供が初めて成功したときのように充実感と達成感を得られれば、とても楽しく、明るく生きることができるはずです。

11日 どんなときにも楽しみをみいだす

どこかおもしろいところへ行って遊びたいと思いつきます。

プランを立てるときは楽しい。友人を誘うのも楽しい、乗り物も楽しい。途中で食べるものも、みるものも楽しい。寄り道も楽しい。目的地に着いたら、また楽しい。

計画どおりにいくのは、楽しい。

しかし、計画どおりにいかなくなったときでも、楽しみをみつけられるようでなくてはなりません。

期待がすべてなくなっても、楽しみをみつけられるのなら、それがほんとうの楽しみ方です。

12日 いちばん短い単位にカットする

私たちは、なかなかシンプルには生きられません。

なぜかというと、過去をふり返り、先のことを心配して、いまどうすればいいのか、わからないからです。

そういうときには、やるべきことを「ユニットごとにカット」してみるといいのです。

「この十分で何をすべきか」

「この三十分で何をすべきか」

そういう短い単位でカットすれば、「これだったら、何ということもなくできる」ということがわかってきます。

13日 ひとつのことに徹する

一日の生活をひと固まりにせず、小さなユニットごとにカットしてみると、人生はとてもシンプルになります。

「この瞬間にこれをやる」という瞬間の連続として、今日一日を、生きるのです。

いま本を読むとしたら、本を読むことに徹する。そのときは、夕食はどうしようとか、よけいなことは考えない。

それが終わったら、次の瞬間には料理に徹する。その次には掃除に徹する。

そうなれば、巧《たく》みにものごとを処していけるようになります。

14日 たった十分間だけ成功すればいい

「一生涯、成功しよう」とか、「十年かけて成功しよう」と計画を立ててがんばろうとすると、苦しい道になります。それでは、心に重りをつけるようなものです。

成功するためには、たった「十分だけ」きちんとがんばってみればいいのです。

すると、「十分間だけなら、ちゃんとできそうだ」「十分間、集中してやってみるぞ」という気持ちになります。

その十分間が終わったら、次の十分間、きちんとやればいいのです。

15日 失敗しない人とは

歯を磨く、顔を洗う、料理する、食べる、電車に乗る――、そういったとてつもなく単純なことを、何ということもなく穏やかに行う。

過去のことや将来のことで、頭を混乱させないで、穏やかにほほえんで行う。

その人は、何ひとつ人生に失敗はしないのです。

16日 失敗を取り返そうとすると失敗する

失敗して怒ったり悔しくなって、次はやみくもにがんばろうとする人がいます。

しかし、そういう人は、次も失敗するでしょう。

悔しさや怒りのエネルギーは、なかなか成功の元になりません。失敗を取り返そうとすると失敗するのです。

まず、いまの瞬間のことに腰を据《す》えて、行ってみましょう。そういう人が、成功の道を歩むのです。

17日 とりかえしのつかないこと

人生には「大失敗」とか「とりかえしのつかないこと」などがあることでしょう。

過去をふりかえって、失敗した経験だけをとりあげて、「私は失敗ばかりの人間だ」と決めつけてしまいがちです。

けれども、「人生に失敗した」というのはありえないのです。それは、観念で思いこんでいるに過ぎません。悲観的な思考パターンに陥っているのです。

失敗というのは、小さな単位、瞬間瞬間に起こることなのです。だから、いまここの瞬間に気をつけていれば、失敗することはありません。

18日

「いま」を失敗しない生き方

実際にあるのは、「いま」なのです。過去も未来も、ないのです。

つねに「いま」しかありません。

だから「いま」を失敗する人は、瞬間瞬間の小さな失敗を続けて、ずっと失敗するのです。

だから、「いま」を失敗しないことです。それで、すべて解決するのです。

そのためには、「いま」だけに集中する能力を身につける必要があるのです。

19日 なぜ単純さが嫌なのか

幼い頃、おとぎ話や空想の物語を聞くと、とても楽しかったと思います。その気持ちは大人になってもなおっていないのです。

だから、いつも哲学やら宇宙の神秘やらあれやこれやと、現実離れしたロマンスをさがしているのです。

人は妄想することが楽しみなので、シンプルな人生は嫌なのです。

幻想の世界に閉じこめられると、「いまここの人生」は失敗してしまうのです。

20日

一生、退屈したいですか

朝から晩までやっている日々のシンプルな作業は、みんな退屈なことだと思っています。

けれども、それが退屈なことだと決めてしまうと、一生、退屈な人生をおくるはめになります。

単純なことでも、見事にこなせれば、とても気分がいいのです。そして、いともかんたんに、充実感にあふれた生き方ができるのです。

21日 問題があっても、それは瞬間のこと

いまの瞬間に徹すれば、苦があっても、何のこともなく瞬間的に対応できます。

たとえ問題が起きても、それは瞬間のことなので、すぐ解決できます。

悩んだり落ちこんだり、執着する暇はなくなるのです。

生きることは苦だとしても、その瞬間に対応することで、つねに充実感にあふれて生きられるのです。そこに、想像できないほどの、安らぎ、安穏《あんのん》、平安があるのです。

22日

「いま」幸福になるしか道はない

「いま苦労すれば将来、幸福になるだろう」という考えには、幸福になる保証はありません。

「いま」幸福になるしか道はないのです。

いまの瞬間、幸福をみつけた人は、次の瞬間も幸福にする方法を知っています。

その人は、長い苦労とひきかえにすることもなく、とっくに幸福になっているのです。

23日 瞬間瞬間、幸福をつかまえる

「今日、幸福になるのだ」「いまの瞬間に幸福を得るのだ」と、瞬間瞬間、幸福をつかまえるのがブッダの道です。

「いま、わずかでも心を汚してはいけない」と、自分を明るく励ますのです。瞬間瞬間、心を清らかにすることに励んで、究極の幸福にまで続く仏道を歩むのです。

24日

「いま」が処理できるポイント

「いま」というのは、人間には必ず処理できるポイントなのです。

「いま」というのは、そんなに大きなものではないのです。

すぐに消えるものでしょう。

処理できない、乗り越えられない「いま」に遭遇するわけではありません。

「いま」をしっかり生きると、いまの瞬間で、汚れなく、罪なく、失敗なく、生きることができるようになるのです。人生はとてもシンプルになるのです。

25日 ぴったりきちんとやっていく

しっかり生きるとは、そのときそのとき、やるべきことを、きちんとやるということです。

掃除にしても、しっかり完璧に掃除をしてみる。そこに特別に意味がなくてもいい。服をたたむなら、ぴったりきちんとたたむ。すぐにまた着るとか、洗濯に出すとか、そんなことはどうでもいい。

そのときそのとき、文句なくぴったりきちんとやっていけば、虚しさとか悔しさというものは生まれません。

すると、だんだんと人生が楽しくなってくるのです。

26日 「いつか」と「いま」

人は、いいことなら「いつか」やるつもりでいます。「そのうち」「あとで」と、先延ばしします。

悪いことなら、いますぐやれます。「いまだけのことだから」とやってしまいます。

「いつか」いいことをしますと言っても、その「いつか」は、ついに来ないのです。

27日 いいことは、生きているうちに

人は「いいこと」をしたくないわけではありません。ただ、「今日は楽をして、明日から」という心が起きてしまうから、なかなか「いいこと」を実行できないのです。

けれども、人はいつ死ぬかわからないのです。いいことは、生きているうちにやっておくべきなのです。

だから「いま」いいことをして、悪いことをしない。悪いことをどうしてもしたいなら、「いつかそのうち」やればいいのです。

28日
失敗も成功も、小さな単位

私たちの行動は、瞬間瞬間の小さな単位の連続です。

失敗も成功も、小さな単位のところで、起きるのです。

だから、瞬間瞬間の小さな単位で気をつけていれば、失敗を避けられます。やがて成功することもできるのです。

人は瞬間の小さな行為を大事にせず、無視してしまいます。それが大失敗のもとになるのです。

29日 いまの一秒と過去の一秒

自分の人生でいちばん幸福だったのはいつでしょう。逆に、いちばん不幸だったのはいつでしょう。

そう考えてみると、人それぞれ、いろんな答えが浮かんでくると思います。

けれども人生には、大切な時間も、取るに足らない時間も、どちらもありえない、成り立たないのです。人生をひとつの時間の流れでみれば、一秒一秒、ずーっと歳をとり続けているのです。いまの一秒と過去の一秒は同格です。同じ価値です。

この生きている瞬間瞬間が大切なのです。どんな一秒も、無駄にできません。

30日 人生という回数券

人生のある場面をカットして、「あのときは楽しかった」「充実していた」「幸せだった」とか言います。そうでないときは虚しいという生き方をしています。

人の寿命は秒数で計算できるのです。そうとらえると、人生とは一秒一秒、回数券が減っていくだけなのです。

だから、ある一秒だけ価値があるということにはなりません。あるときだけが人生の最高の瞬間という話も、成り立ちません。

だったら、どんな一秒でも同じように大事にすれば、すばらしい結果になります。

October

10月

Yadā tumhe, kālāmā, attanāva jāneyyātha
ime dhammā kusalā, ime dhammā anavajjā,
ime dhammā viññuppasatthā, ime dhammā
samattā samādinnā hitāya sukhāya
saṃvattantīti, atha tumhe, kālāmā,
upasampajja vihareyyāthā´ti,
iti yaṃ taṃ vuttaṃ idametaṃ paṭicca vuttaṃ.

これらの法(教え)が善であり、欠点なく、
識者が奨励するものであり、
だれかがそれをすべて実践すれば有益であり、
楽のためになる、
とカーラーマ村の皆さんが自ら知るときは、
皆さんはそれらの法(教え)を学び、実践しなさい。

(増支部３集『カーラーマ経』より)

1日 一流企業は一流でなくなる

就職するとき、会社の将来は、いくらか予測できても、ほとんどアテにはなりません。

収入が多いとか、休みが多いとか、有名だとかカッコいいとか、そういうことはアテになりません。

有名な会社は有名でなくなり、一流企業は一流でなくなる。あるいは、みんな優秀で自分の立場がなくなることもあります。

会社を選ぶ基準は、自分を向上させ開発させることができるかどうか、それを第一に考えるのです。

2日 自分が発展できるかどうか

会社選びは、「自分が発展できるかどうか」というところで決めるのがいいのです。

自分が発展し向上すれば、給与は上がります。たとえ収入が少なくても、やり甲斐《がい》と充実感があります。それはお金よりもはるかに価値があるのです。

3日 「岸まで漕《こ》ぐぞ」という覚悟

結婚相手を選ぶときでも、お金があるとか、カッコいいとかではなくて、「この人と二人三脚でがんばれるか」「この人と一緒なら、一生、自分を磨いていけるか」が鍵です。

そして、乗った舟はちゃんと漕ぐことです。

人生には「岸まで漕ぐぞ」という覚悟が必要です。

4日 会社を変わるべきかどうか

いまの会社を変わるべきかどうかで迷ったとき、どう考えればいいのでしょう。

会社から「どうか辞めないでほしい」と言われるようだったら、次の会社に移っても成功するでしょう。

「あなたはもういらない」とクビにされそうになって辞めるのなら、どこに行ってもうまくいかないでしょう。

5日 日々、自分を育てる

私たちは日々、自分を育てなくてはならないのです。

ゆっくり休憩している暇などありません。死ぬ瞬間まで、学び続けるのです。

悟れば完了です。休みではなく、完了です。

でも、自分を育てなかったら、何億年も生きていたって悟りにはいたりません。

6日 昨日よりは今日、ましな人間に

大きな願いを立てて、それに向かってがんばろうというよりも、
「昨日よりは今日、ましな人間になるように」
ということぐらいでいいのです。
昨日とくらべての今日なのです。
そうすると、一つひとつ達成感が出てきます。
進むのは、つねに一歩一歩なのです。
人生というものは、具体的に、目の前の問題を一つひとつ、解決する
しかないのですから。

7日 学ぶことで人間になった

生まれたばかりのホモサピエンスは、猿とそれほど変わりがありませんでした。

しかし、ホモサピエンスが他の生きものと違ったのは、学び続けたことです。

学ぶことで、人間になりました。

学ぶことでホモサピエンスが人間に進化したのです。

私たちは、一生学ぶ人生にしなくてはならないのです。学びに停滞を起こさせないことです。

8日 けっして忘れることのない学び

学ぶのは、欲のためではありません。

人格向上の役に立つことを学び続けていくのです。

学びというのは、心の勉強です。

そういう学びは、単なる知識の習得ではないので、けっして忘れることはないのです。

9日 先生は生命の栄養資源

先生は教えてくれる。それによって私たちは学んで幸福に生きる。

先生は、生きるために必要な栄養補給をしてくれるのです。

先生が栄養補給してくれないと、私という存在が豊かに実らないのです。いわば先生は、生命の栄養資源なのです。

10日 尊敬できる先生とは

だれもが、「尊敬できる先生がいればありがたい。成長するのに」と思うでしょう。

でも生徒には、尊敬しようにも、その先生のレベルなどわからないのです。

先生は、教える何かをもっている。しかし、自分はもっていない。

それが、先生と生徒という関係です。

尊敬できるかできないかはさておき、まずは学ぶのです。ちゃんと教えてくれるなら、立派な先生だと思いましょう。

11日

人が変わらないと何も変わらない

文明が進歩し、生活環境は便利で快適になりました。さまざまなトラブルに対処するために、法律を定めたり、システムをつくったりしますが、本質は何も変わっていません。

それは結局、「人」が変わっていないからでしょう。

環境がどう変わろうが、それに適応できる「心」をつくらないと、結局は何も変わらないのです。

12日 環境ではなく自分を変える

より幸福に豊かになる目的で、人は環境ばかり変えてきました。地球の環境が破壊寸前にまでなっているのに、人はいまだに幸福、安らぎを感じないのです。代わりに環境破壊の問題で、新たな危機感が生じただけです。

環境ではなく、自分を変えればいかがでしょうか。いかなる状況に置かれても、穏やかで幸福で安穏でいられるようにと。環境を変えるとは、環境の破壊なのです。自分を変えるとは、自分という存在の成長、発展なのです。

13日 大地震を想定して

普段、私たちは、不測の事態に対して、いろいろなことを想定して準備します。

けれども、いろいろと思案して不測の事態に備えたとしても、予想した状況になることはありません。

例えば、大地震を想定して準備をしても、大地震が起きたとき、実際にどうなるのかはだれにもわかりません。

すべての条件は、刻々と変化しているからです。だから、どんな変化にも、瞬時に適応できる心の柔軟性が大切なのです。

14日 頑固《がんこ》さという錆

心は本来、頑固で、変化に適応できないのです。だから、摩擦《まさつ》を生じて苦しむことになるわけです。

頑固さとは、無知、高慢、エゴ、怒り、欲、嫉妬などの感情から生まれます。

ほうっておくと、それらの感情の「錆」がついて、なおさら心は固くなります。

ですから、心は、けっしてほうっておいてはいけないのです。

頑固さという錆がつかないよう、心をきれいにしていかなくてはいけないのです。

15日 願いとしてもつべきもの

私たちが願いとしてもつべきものがあるとすれば、それは、「人格の向上」です。

どんなことがあっても、その都度、この経験から何を学べるのかと、人格向上に努めるのです。

たとえ不幸なできごとに出遭っても、失敗しても、それを自分の人格向上の糧《かて》にしていけるのです。

そうなれば、世間のどんな波にも冷静に対処することができるようになります。

16日 巨大な能力

人間には、巨大な能力があるのです。

ところが、私たちはそれを発揮できないでいます。能力を発揮できないのは、自分で自分を制限しているからです。そして、そのことに気づいていないのです。

他人に自分をあわせようとしたり、世の中で成功しているパターンに自分を当てはめたりしようとすると、自分で自分を縛ってしまい、能力は制限されてしまうのです。

17日 人格の向上は自分の宿題

人の心には、巨大な能力があるのです。

その能力をどこまで発揮するかが、私たちの課題です。

ほとんどの人は、社会が敷いているパターンや安全な路線を歩もうとします。そうすると、自分の本来の能力を発揮するチャンスはなくなるのです。

たとえ安全な路線を歩んでも、人格の向上は自分の宿題であることは、けっして忘れてはいけません。

18日 どんどん能力があらわれる

能力というものは、いつでも生命との関わりで成り立つものです。

抜群に歌唱力があっても、人のいない藪《やぶ》の中で歌っては、意味がありません。聞く人々があってこその能力なのです。

理解する人がいて、ベートーベンの音楽はすばらしいということになるのです。

能力開発では、自分が他の生命とどのように関わるかということが大切な視点です。

「人間に限らず、他の生命の役に立つために、自分に何ができるのか」と考えれば、みるみる能力があらわれてきます。

19日 「無学」とは学びを完了した人

何かの思考に凝り固まって、排他的になっては絶対にいけません。

日々あらゆることを学んで、自分の心をひらいて経験を深めて自分を大きくしなければいけないのです。

学ぶべきものをたえず学び続けて完了した人を、仏教では「無学」と言います。

「無学」というのは、悟った人の境地を表しているのです。

20日 まず何を学ぶべきか

私たちは、何を学ぶべきなのでしょうか。

「とにかく、何でもいいから学びなさい」とも言えます。

しかし、人生は短いのです。学ぶには、時間がかかるし、学ぶことも無限に出てきます。だから当然、何を学ぶべきか選択しなければいけません。

ならば、まずは人格向上に関わるものを学ぼうではありませんか。人格向上のために学ぶことは、人生においてかなり得な選択なのです。

21日

いちばん尊い学びとは

何のために学問をするのでしょうか。

第一、我々は、生きるための職を得るために学ぶのです。

第二、学ばなければ、動物と何の変わりもありません。文化人、社会人となるために学ぶのです。

第三、心を向上させて人格を向上させるために学ぶのです。

いちばん尊い学びは、この三番目です。

22日 すべての方向に薫《かお》る花

何かを獲得しても、必ず何か向かい風が起こるものです。

けれども、向かい風があっても、けっして失われないものがあります。向かい風によって、かえって薫るものがあるのです。

それは、「自分といつも一緒にいるもの」「自分から離れずに一体のもの」です。

それはいったい何でしょうか。

それは、「人格、人徳」です。

「人格、人徳」は、いくら風が吹いてもすべての方向に薫る花のようなものです。

23日 人格が向上するかどうか

私たちの生きる目的となるものは、何でしょうか。

それは「人格の完成」です。完成された人格は、けっして失うことがありません。

仏教は、人格を育てることを目的としているのです。

行為を行うにあたって、儲かるとか、有名になるとか、有利になるということではなく、「人格が向上するかどうか」を基準にして生きることが大切です。

24日 無駄な学び

「おもしろいから」「暇だから」「ただ知りたいから」ということで学ぶのは、無駄な学びです。

いわば暇潰し、時間潰しの趣味としての学びです。

そういう学びは、仕事の役にも人格向上にもつながらない。心を清らかにすることもないのです。

私たちには、潰す時間はないのです。時間は大切にすべきです。

25日 学んではならないもの

仏教から言うと、学んではならないものは、ちゃんとあります。

一、生命の不幸をもたらす技術
二、自分の心に怒り、憎しみ、嫉妬などが増えるもの
三、心の安定、安らぎを壊すもの
四、やりきれないもの

宇宙のはてや起源、大きさなどは、学んでも役に立たないし、やりきれません。これらのものは、学ばないほうがいい。

それよりも、「どうすればよい人間になるか」と学んだほうがいいのです。

26日 エゴで学ぶと危険

人はエゴを肥やすために学んではならないのです。儲けるために、高い地位を獲得するために、学ぶ人もいる。怒り、憎しみ、嫉妬、見栄などの衝動で、学ぶ人もいる。学んだ知識は、その人のエゴを肥やすのです。他人のことをみくだすのです。知識は他人の役に立つ目的ではなく、自分のエゴを満たすために使うのです。科学知識が人類を全滅の危機に追い詰めたのは、エゴのために学んだからです。

人は自分と他人の幸福のために、理解能力を深めるために、自我意識を減らすために、学ぶべきなのです。

27日 自分の心を育てる

両親は、子供のことを我がことのように心配してくれます。たとえ悪事をはたらいて刑務所に入ったとしても、親は子を無条件で愛してくれるものです。

しかし、そんな親にも与えられない幸福を、自分で自分にプレゼントできることを知っていますか？

正しく育てられた「自分の心」こそが、他のだれよりも優れた、究極の幸福を与えてくれるのです。

もしあなたが幸福になりたいのなら、他人の愛情に期待するのではなく、「自分の心」を育てることです。

28日 「知っている」と思っている愚か者

「私は知っている」と思っている人は、愚か者です。「私は知らない」と言う人は、愚か者ではありません。

「私は正しい」という思いにつつまれていたら、他人の言葉に耳を貸しません。自己の振る舞いをなおそうとは思いません。

「私は知っている」と言う人には、教えてくれる人や、協力する人はあらわれません。そういう人は、いつか必ず失敗してしまいます。

「私は知らない」「私は正しいわけではない」と思っているところに、成長があるのです。

29日 賢者にみられたい愚か者

愚かな者の特徴は、自分が賢者にみられたいということです。見栄を張って、威張《いば》ろうとします。

そういう人に限って有名な先生につこうとします。偉い先生のそばにいることをありがたがるのです。「あの大先生の弟子だ。すごい」と思われたいのです。

しかし、いくら立派な大先生について学んでいたとしても、「賢者にみられたい」という気持ちでいたならば、学ぶことはできません。

30日 死ぬ瞬間まで学びがある

「私は正しくない。ほとんど知らない」という謙虚な気持ちでいる人が、「学びたい」という意欲を起こすのです。

その人は、はやくいろいろなものを学んでいきます。自分を知る世界も発見していきます。

死ぬ瞬間まで学ぶことがあります。教えてもらうことがあるのです。「学びは死まで」というインドの諺《ことわざ》があります。また、仏教では、「老い朽《く》ちるまで道徳を守りなさい」と言います。

31日 学び続ける人は花が咲く

「わかりたい、学びたい」と真剣に求めている人は、ほんの少しでも真理に触れたならば、すぐにそれを理解することができます。舌がちょっとでもスープに触れれば、味がわかるように。

「自分は何も知らない」として、学び続ける人は、必ず花が咲きます。

「私は知っている」と言う高慢な人は無知で終わります。スプーンがスープの味を味わえないように。「私は何も知らない」と言う謙虚な人が賢者になる理由を、ブッダはそう説いたのです。

November

11月

Idha nandati pecca nandati,
Katapuñño ubhayattha nandati;
"Puññaṃ me katan" ti nandati,
Bhiyyo nandati suggatiṃ gato.

善行為をする人は、
この世で喜びあの世でも喜ぶ。
善行為をしてよかったと、
天界に生まれてなおさら喜ぶ。
（小部『ダンマパダ』18）

1日 忙しいのは混乱しているだけのこと

「忙しい、忙しい」と、いつも焦っていて、追い立てられるような日々を送っている人がいます。

その人は、じつは、時間がないのではなく、「混乱しているだけ」なのです。

疲れている人には、百メートルの距離でもとても長く感じるし、眠れない人にとっては、夜はとても長く感じるものです。

仕事や家事を上手にこなすことができれば、忙しいと焦ることはないでしょう。

「上手」と言える人は、どんな仕事でも焦ることなく余裕をもってはやく済ませることができます。

2日 「いま・ここ」にいない

「忙しい」というのは、時間を無駄にしていることなのです。時間の浪費が忙しいという状況をつくるのです。

私たちは、いまやるべきことをやらないで、妄想したり別なことを考えたりして、「いま・ここ」にいないのです。だから、時間が無駄になくなるのです。

上手な人は、時間を浪費しないで、やるべきことを行う人なのです。その人には、「忙しい」ということはないのです。

3日　締め切りに間に合わない

「忙しい」というのは、締め切り時間に、その仕事を完了できないということです。

しかし、ほんとうはそんなはずはないのです。

一日十枚しか原稿を書けない人に、十日で四百枚書けと言っても、できないのは当たり前です。それは、断るはずです。

一日百枚くらい書ける人が、「一ヶ月ください」と言って、一ヶ月たったところでまだ原稿ができていないとします。

それは、「忙しかった」からではなく、時間を浪費した結果なのです。

4日　正しく気づくことが巧みになる道

何事についても「巧みな人」には、どうしたらなれるのでしょうか。
それは、つねに、いま行っていることに「正しく気づく」ことです。
いまなすべきことを集中して行うならば、その仕事をうまく完成することができます。
そして、心に充実感や安らぎも生まれてくるのです。

5日 目の前にある仕事を巧みに

何事についても「巧みな人」になるのは、とても幸福なことです。「巧み」とは、自分で育ててゆくものです。

「私はヘタだ、うまくできない」などと悩むのは時間の無駄です。

それよりも「目の前にある仕事を、どのようにすれば巧みにこなせるのか」だけを考えればいいのです。

6日 「巧みな人」とは

「巧みな人」とは、仕事でも何事でも、どれくらい無駄を減らせるのか、短い時間でよい結果を出せるのかという能力、テクニックをもっている人のことです。

7日 その都度その都度、巧みになる

だれでもが仕事が巧みになることを考えています。「仕事こそ人生だ」とかんちがいしていることもあります。

しかし私たちは、一日二十四時間、さまざまなことを行っています。

だから、一日中、その都度その都度、何事においても巧みになるべきなのです。

8日 小さなことこそ

たとえ小さなことであっても、巧みに行うべきです。

小さなことなら、だれでも巧みに行うことができるからです。

子供をあやすこと、子供にご飯を食べさせること、着替えさせること、食器を洗って片づけること。

そういう小さなことなら、上手にできるでしょう。そして、「他の大きなことでも自分にできる」と、自己発見します。

小さなことこそ、大事に行うべきです。それが巧みになる道です。

9日 小さな一分間の仕事

大きな仕事を前にすると、「どうしたらうまくこなせるのか」と緊張して、無駄なことをあれこれ考えて、時間もエネルギーも浪費します。そうなると、仕事は実際よりも大きく複雑にみえてしまいます。

たとえ大きな仕事でも、一分単位で行う仕事はとても小さいものです。小さな一分間の仕事を、妄想しないで、他のことを考えないで行えば、おのずと巧みな行為になっています。それから、次の一分間の仕事をすればいいのです。

それで、大きな仕事は驚くほどうまく完了してしまうのです。

10日 すべて因果関係をみていく

小さなものごとの因果関係をみていれば、「どうすればいいのか」は、簡単にみえてきます。

巨大な仕事をみると、ものごとの因果関係はわからなくなります。しかし一分単位でみると、よくみえてきます。

例えば、皿洗いを一分単位でみれば、因果関係がよくみえます。大きな皿から洗うか、コップを先に洗うか、スプーンを洗うか、どんな順で洗えばいいのかがみえてきます。

そのように、すべてにわたって因果関係をみていくのが、「スキル」なのです。

11日

結果を気にすると失敗する

結果を気にすると、失敗する可能性が高くなります。よい結果を出そうとして、プロセスがみえなくなるからです。プロセスがみえなくなると、期待した結果は出てきません。

結果よりも、プロセスが大事なのです。プロセスを正しく分析して、因果関係を理解して行うと、期待した以上のよい結果が出るのです。

12日 結果をよく認識して奮《ふる》い立たせる

結果を生むためには、プロセスをよくみることが大切ですが、ときには結果をみるべきこともあります。

仕事をしている最中で、さまざまなトラブルが起きたり邪魔が入ったりして、うまくできなくなることがあります。

そのときには、「結果をかならず出すぞ」と、めざすべき結果をよく認識して、自分を奮い立たせる必要があります。

そうすると、さまざまな障害を乗り越える方法がみえてくるのです。

13日 巧みに行う人は、幸福を手に入れる

小さなことでも、そこに因果関係を発見しながら行う人は、「巧み」という能力が身についているのです。

「巧み」は、悩み苦しみなく、心配なく、落ちこむことなく、明るく生きるエネルギーなのです。

日常のことを巧みに行う人は、幸福を手に入れるのです。そういう人は、心に傷がついていませんから、死後はさらに幸福の境地に達することができます。

「巧み」になることは、善的な生き方なのです。

14日
いまの瞬間一つひとつにチャレンジ

人生は、毎日、新しいのです。同じことは二度と起こりません。今日の問題は今日だけのもの。出会う問題は、まったく新しいものなのです。

だから、「昨日と今日は違う。明日はどうなるかわからない」という気持ちでチャレンジしていくのです。

人生というものは、瞬間の連続です。いまの瞬間一つひとつにチャレンジするのです。その瞬間が終わったら、終わったことにはこだわらず、また次の瞬間のことにチャレンジするのです。こうなると、人生はおもしろいのです。

15日 見違えるほど人生が変わるコツ

「どうせ今日も同じような一日だろう」という気持ちでいたら、人生はおもしろくありません。

「今日はどういうことになるかわからない。よし、ひとつチャレンジしてみよう」という気持ちで過ごせば、人生はおもしろいのです。

そんな心構えでいれば、智慧が湧《わ》いてきます。仕事もよくできます。ストレスもたまりません。やり甲斐が生まれてきます。

そういう態度で、たった一週間でも暮らしてみてください。すると、見違えるほど人生が変わります。

16日 いまこの瞬間に徹底的にくつろぐ

仏教の瞑想において大切なことは、いまこの瞬間に徹底的にくつろぐことです。

「ああなりたい、こうなりたい」という心や、どうなるのかわからないことは、ほうっておくのです。明日のことも昨日のことも意識しません。明日はまだやってこない、昨日はもう終わったことです。

実際に生きているのは、いまの瞬間だけ。いまの瞬間が本番だから、いまの瞬間の自分を観ていくだけです。

いまの瞬間に心に起こることを確認しながら、修行という気持ちでやらないで、リラックスして行うのです。

17日 遺体を背負って運んでいる

過去のことを思い悩む人は、まちがいなく不幸になる訓練をしているのです。

私たちは、すでに終わったことなのに、「あんなことをされた」「こう言われた」と、思い出しては、悩んだり悲しんだり怒ったりします。

悩み続けるのは、矢が刺さったまま抜かずに「痛い、痛い」と嘆いているようなものです。それでは、遺体を背負って一生運んでいるようなものなのです。

矢を抜かずにおけば、徒《いたず》らに苦しむだけです。重たい遺体をいつまでも背負っていては、徒らに疲れるだけです。

18日

力《りき》んでいいことをすると

いいことをしようとして、相手から「結構です」と断られてしまう場合があります。思わず力んで、お年寄りに席を譲ったりすれば、断られるのがオチでしょう。それはいいことをすることに、慣れていないからです。

「ま、どうぞ」と、何のこともなく自然に席を立てば、お年寄りも何のこともなく座ってくれるのです。

そこに自然な雰囲気《ふんいき》があって、お互いに波長があうのです。

19日 ブッダの最期の言葉

ブッダの最期の言葉は、次のように伝えられています。

「さあ、修行者たちよ。おまえたちに告げよう。もろもろの事象は過ぎ去るものである。怠ることなく（不放逸《ふほういつ》にして）修行を完成しなさい」

「不放逸」とは、パーリ語では〝アッパマーダ〟と言います。この瞬間にどうするべきか、次の瞬間はどうすべきか、そのときそのときに気づいていることです。

不放逸であることで、心が育っていくのです。

20日 楽しみがあれば、脳は疲れない

脳は、ご褒美《ほうび》をあげないとちゃんと動かないのです。脳のご褒美とは、「楽しみ」です。同じことのくり返しと思うと、楽しみではなくて、苦しみになります。

けれども、楽しみがあれば疲れません。

だから、どんなことにでも、そこに楽しみをみつけるように工夫するほうがいいのです。

21日 「いま・ここ」の私こそ真理

「私」というのは、何でしょう。

それは、つねに「いま・ここの私」なのです。

昨日の自分はいないし、明日の自分はまだあらわれてはいません。

「いまの自分」がここにいるわけだから、真理はつねに「いま・ここ」にあるのです。

22日 昨日の失敗をどうするか

昨日は大失敗したと思って悩むのは、「今日も失敗したい」という計画を組んでいるようなものです。

昨日の失敗は、どうなるものでもありません。

今日という日は新しい。その今日のことだけを、ただしっかりやればいいのです。

23日 手形より現金

「明日幸福になる」という話は、それほど信頼できません。

今日一日だけ充実感を味わって、いかに楽しく、いかに成功して生きるのかと心を使えば、たしかに幸福な人になります。

やはり、手形よりも現金のほうが安心できます。

24日 「明日」や「いつか」という考え

「幸福」というのは「明日」得るものではありません。「いつか」得るというものでもありません。

「明日」はいつでも「明日」です。だから、「明日」幸福を得ようという人は、幸福になれません。

「いつか」は、決まっていません。「明日」や「いつか」という考えは、不幸になると決めた人の考えなのです。

25日 「明日」はどうなるかわからない

幸福というのは、いまの瞬間に得るべきものです。

「明日、幸福になろう」とか「将来、幸福をつかもう」という人は、ずっとなれません。

そういう生き方は、「いまの瞬間は不幸でもいい。今日は苦しんでもいい」ということです。

「明日」とか「いつか」というものは、どうなるかわからないのです。

26日 無常は可能性にみちている

無常というと、否定的で厭世《えんせい》的なイメージをいだく人が多いかもしれません。

しかし、無常とは、とても可能性にみちた真理なのです。

すべての現象は無常です。瞬間、瞬間、変化しているのです。

ものごとは、変化するから「ある」「存在している」と言えるのです。変化しないものは、存在しないのです。

私たちも、息を吐いたり吸ったりするたびに、新しい自分に生まれ変わっているのです。

27日 ものごとは、ある日突然起きない

ある日突然、ものごとが変わることはありません。

ある日突然、人が死ぬということはないのです。

ある日突然、花が咲いて、花が散るということはありません。

ある日突然、火事になった、地震が起きたということはありません。

すべてものごとは、因縁によってたえず変化しているのです。何の原因もなしに、ある日、突然起きるということはありません。

それが、無常の考え方です。

28日 無常こそが存在のありよう

この世の中で変化しないものはありません。無常こそが存在のありようなのです。

無常という真理を認める人は明るく、活発になります。

自分もすべてのものも、絶えず変化することを知る人は、心の安らぎを経験します。

29日 この瞬間は一回きり

怒ったり嫌な気分になったり、落ちこんだりするのは、無常に逆らっているからです。

無常に逆らって、変化しないようにと思う人は失敗します。

すべてが変化するので、この瞬間は一回きりだと思う人は、安らぎを得られるのです。

30日 災難への準備は万全か

どんなに災難への準備をしても、万全ではありません。想定する災難は、けっして起こらないからです。想定したとおりだったら、災難ではありません。

いざことが起きたら、何もできなくなって、おろおろしてしまいます。

だから、どんなときでも瞬時の判断、瞬時の対応が大切なのです。

December

12月

Mātā yathā niyaṃ puttaṃ,
Āyusā ekaputtam anurakkhe;
Evam pi sabbabhūtesu,
Mānasam bhāvaye aparimāṇaṃ.

あたかも母が、
たった一人の我が子を命がけで守るように、
そのように全ての生命に対しても、
無量の[慈しみの]心を育ててください。
（小部『慈経』より）

1日 ブッダの教えはつねに新しい

ブッダの教えは、お釈迦様が涅槃に入られてから二千五百年以上たっても、けっして古くなりません。

その教えは、つねに「新しい」のです。

それはそのはずです。ブッダは、生きることに対する真理を語ったからです。ブッダは、「どう生きるべきか」「生きるとは何か」を語ったのです。

時代がどう変わっても、科学がいかに発達しても、生きている私たちの問題はつねに重大です。

生きることに対する真理は、つねに新しいのです。

2日 ブッダの教えに無駄話はない

ブッダの教えには、ひとつも無駄話はありません。

ブッダの説かれた真の教えはつねに人の役に立つのです。実践できる教科書なのです。

ただ、世の中には、後世の人たちが、ブッダの名を借りて、腕を振るってつくったお経もあります。それらには、たくさんの無駄話があるのは事実です。

そういうお経を呪文のように、わけがわからず唱えても、人格の向上にはつながりません。

3日 お経を暗記するのは何のため

お経とは、ブッダが直接、人間の心に語りかけたものです。

お経を暗記していると、歩いているときに思い出したり、ふとしたときに、ブッダの最高の教えが出てくるようになります。

ブッダの教えは、そのときそのときのトラブルに、みごとな解決策を示してくれます。

私たちが生きるうえで、何が起きるかわかりません。だから、経典を暗記しておいて、安全をはかるのです。

4日　ブッダのことばが自分を守る

人生ではどんな場面に出会うのか、わかりません。

お経を暗記しておけば、そのときそのとき必要なことばがちゃんと飛び出してきます。

例えば「あたかも母のごとくあらゆる生命に慈しみの心をもちなさい」というブッダのことばなど、暗記しておくと、それが自分を守ってくれます。

そのことばを覚えていれば、「怒らないようにしよう」「慈悲の心を育てよう」という思いが湧いてきます。

5日 ブッダの人生そのものが模範

ブッダを念ずるとは、ブッダを念頭にすること、模範にすることを言います。

ブッダに対して、いろいろな王様が寄進を申し出たり、人々がさまざまな布施をしました。しかし、ブッダは、欲にかられることはありませんでした。自らが病気になっても、「すべては移ろいゆくものだ」と、たんたんとしていました。

ブッダの人生そのものが、模範になるのです。ブッダを念ずると、欲から離れようという気持ちが湧いてきます。けっして悩んだり、途方に暮れるということは起きないのです。

6日　問いに答えるうちに真理を発見する

ブッダの説法は、すべてが対話なのです。

ブッダが対話の相手に「これは、どう思いますか」と質問する。相手が答える。

次に、「ではこれはどうなりますか。どう思いますか」と質問する。また相手が答える。

相手は答えている途中で、「ああ、なるほどそういうことか」と、自分で真理を発見するのです。

いつでも、ブッダの問いに答えるうちに、相手が真理を発見してしまうのです。

7日 自分も慈しみを抱くようになろう

多くの人々は仏像などに向かって、「どうか救ってもらいたい」と拝んでいます。

けれども、ほんとうの拝み方は、救ってもらうためではありません。「自分も慈しみを抱くようになろう。慈しみの心を実践しよう」と決意することにあるのです。

強い決意をもって、無知の暗闇《くらやみ》を破り、執着を捨てるために励みましょう。

8日　拝んで人格は向上するか

人は、自分とかけはなれた特別な力をもった存在から学ぶことはできません。

ブッダは、私たちと同じ人間ですから、学ぶことができるのです。

いくらお地蔵さんを拝んでも、人格の向上はないのです。「どうかお願いします」で終わってしまいます。

超越した存在である如来や仏さまから、功徳《くどく》や恵みをいただいたとしても、人格向上にはなりません。

ブッダの生き方から学ぶ人は、人格が向上します。

9日 観音さまは何を望むか

観音さまが、もしもおいでになったとしたら、「自分を拝んでもらいたい」と思うでしょうか。むしろ、慈悲の心を実践してもらうことを喜ばれると思います。

ブッダにしても、自分の目の前で、自分が説いた経典を、わざわざ読んでもらいたいとは思わないでしょう。むしろ、「うるさいなあ」と思っているかもしれません。それこそ「釈迦に説法」です。

仏像の前で、お願いしたりお経を読んだりするよりも、慈しみの心を育て、ブッダの教えを実践しようと思うことが大切なのです。

10日 慈しみの心を育てる

ブッダは「瞬間でも慈しみの心を育てなさい。それだけでも立派だ」と説かれました。

けれども、私たちは何もしないでほうっておいたら、慈悲の心は生まれてこないのです。慈悲は自然に生まれるものではありません。生命は本来エゴのかたまりなのです。

だから、無理をしてでも慈しみの心を育てなくてはならないのです。

一切の生命に対して、慈悲の心が生まれてくると、自分のエゴの殻が破れます。

11日 すべての生命が幸福でありますように

慈悲の心を育てるには、どんなときでも、「すべての生命が幸福でありますように」という気持ちを育てていくのです。

そして、できるだけ怒らないように気をつけます。ひとたび怒ったならば、慈悲の心は消えてしまうからです。

慈悲の心は一切の生命に対して、徐々に広げていくものです。

慈悲の心が生まれてくると、エゴの幻想が消え、主観の問題も消え、心が解放されるのです。

12日 アリ一匹にも「どうかお元気で」と

ブッダは「自分を慈しむのなら、すべての生命を慈しみなさい」と説いています。

無条件、無制限で一切の生命を慈しもうとすることが、あらゆる問題の解決策なのです。

アリ一匹にも、「どうかお元気で」という気持ちがあれば、人はすぐに幸せになれます。

13日 戒を守ることで心は成長していく

「戒律」とは、「道徳的に生きる」ということです。

道徳は破るべきものではありません。道徳を犯す人は、この世で生きる権利すらも失うのです。

戒を守る人生は、特別な暗い生き方ではなく、ごく当たり前のことをして、明るく生きることなのです。

他の生命を殺してはいけない、嘘をついてはいけない、盗んではいけない、ということはごく当たり前の生き方です。

これらの道徳をしっかりと守って生きることで、着々と人生は成功するのです。

14日 修行しても、ご苦労さまで終わる

いくら修行しても、「ご苦労さま」で終わる人がいます。

その理由は、慈悲の心を育てていないからです。慈悲の心のない人は「自分だけよければ」という生き方をしています。

その気持ちをもっていくら修行しても、エゴが強化されるだけです。

だから、修行して立派な人間になりたいと思う人は、慈悲の実践でエゴを破ることです。

15日 慈悲の瞑想のしかた

慈しみの心を育てる方法があります。

まず最初に、「私が幸せでありますように」とすなおな気持ちで念じます。次に「私の親しい人々が、幸せでありますように」と念じます。それから「生きとし生けるものが幸せでありますように」と、一切衆《しゅ》生《じょう》の幸福を念じます。さらに「私の嫌いな人々も、私を嫌っている人々も、幸せでありますように」と念じます。

この「慈悲の瞑想」を続けると、徐々に無量の慈しみの心が育っていきます。ただそれだけを実践し続ければ、確実に、偉大なる人格者になるのです。

16日 ブッダの瞑想とは

ブッダの瞑想は、社会から離れた特別な行《ぎょう》とか儀式をともなった神秘的なものではありません。

「生きることとは何か」を発見することが、ブッダの瞑想なのです。

それは、生きていることとは何なのか、いま何をしているのかと、瞬間瞬間、具体的にみていくプロセスです。

それは、「いま・ここ」の自分自身に気がつくことであり、自分の心を観ることなのです。

17日 自分を手がかりにする

自分を手がかりに真理を発見することが、仏道修行の目的です。よい人間になろうと思っても、そう簡単にはなれません。そのような考えはほうっておいて、ひたすら、いまの自分に気づくことに努めるのです。気づきの実践で真理を発見すると、心の汚れは消えてしまいます。こだわりが消えて、心の自由を味わうのです。

そのために、外から別の自分が観るように、客観的に自分自身を観察するのです。それが、自分を手がかりに真理を発見する方法です。

18日 心のパターンがみつかる

ブッダの瞑想では、いま生きている自分を観察するのです。いまの自分を観察すると、まず身体のはたらき、次に感情の波などがみえてきます。

さらに、心のパターンもみえてきます。

いつも、こういうときに怒りが出てくる、トラブルを起こしてしまう、寂しくなる、などがみえてきます。

気がついたとき、いまの膠着《こうちゃく》していた悩みから解放されます。

同じ問題が二度と起こらなくなります。心の安らぎが得られます。

19日 日常の家事の中で自分を観る

「自分を観る」のは、日常の家事の中でもできることです。

例えば、皿を洗うとき、「(皿を)取る」「洗う」「拭《ふ》く」「置く」というように、頭の中でことばにしながら、やってみてください。掃除機をかけるときも、「押す」「引く」と確認してやってみてください。

洗濯するときでも、「取る」「入れる」「回す」などのことばで、行為一つひとつを動詞で確認してみてください。

すると、ストレスなく失敗なく、行為だけがちゃんと進むのです。苦しみをつくるエゴが、そのとき消えているのです。

20日 我が身の事実をただ確認する

「自分を観る」のは、通学や通勤途中の電車でも、できます。

体の中に起こる振動、体の揺れ、倒れそうになること、ふんばっていること、さまざまな音、目にふれることなど、我が身に起きている事実を、ただ確認していくことです。

「立っている」「みている」「聞こえている」というふうに、事実をことばで確認します。

そうすると、いろいろな雑念は心の中からきれいに取り除かれていくのです。

21日 心を清らかにする方法

心を清らかにするには、どうしたらいいのでしょうか。それは、いつでも「自分を観ること」です。

そのために、どこか特別な場所に出かけて修行する必要はありません。どんなときにも、どんなところでもできることなのです。

ただ歩くことでも、自分を観ることができます。歩く感覚を感じながら、ゆっくりと足を運ぶ動きを、別の自分が観ているように確認して歩くのです。

これを一時間ほど実践してみれば、心がきれいになっていることを実感できるのです。

22日 ただ、「怒り、怒り」と観る

私たちは、いまこの瞬間に生きています。いまできることしかできないのです。「自分を観る」ためには、いまできることをやりながら、ただそれを確認するだけでいいのです。

怒ったときには、怒っている瞬間の心を、「怒り、怒り」と、客観的に観るのです。

そのとき、「怒ってはいけない。怒りを鎮めよう」などと考えません。

ただ、客観的に「怒り、怒り」と観るのです。

それで、怒りは消えていくのです。

23日 感情だけを実況中継する

エゴがあると、その感情が外にあらわれます。
怒り・嫉妬・落ちこみなどの感情は、人を破壊します。
そういうときは、その感情だけを実況中継してみてください。
怒りがあれば「怒り、怒り」。
嫉妬があれば「嫉妬、嫉妬」。
落ちこみがあれば「落ちこみ、落ちこみ」と。
すると、その感情は消えていきます。
そして、安らかな心になります。

24日 客観的に感情や行為だけを確認する

怒り、嫉妬など、その感情をしっかりと確認すると、「私」というものは消滅してしまいます。

「私は嫉妬している」ではなくて、ただ「嫉妬」と確認します。「私は怒っている」ではなくて、ただ「怒り」。「私は落ちこんでいる」ではなくて、ただ「落ちこみ」。

客観的に感情や行為だけを確認すると、「私は」という感覚は機能しないのです。「私」がとっくに消えてしまって、そこに自分はいないのです。

そうして、悪感情を乗り越えられます。

25日

感情に栄養を与えるのは、自我

感情に栄養を与えるのは、自我です。だから、自我がなくなれば、その感情は壊れてしまいます。

「痛い」と言ってしまうと、そこに自我があります。すると、苦しみが訪れるのです。

「痛い」ではなくて、「痛み」と観るだけでいいのです。

感情というのは、無知によって生起したものだから、感情を客観的に確認するだけで消滅してしまうのです。

26日 瞑想で破れる「私は正しい」

「私は正しい」という心は、無意識的にあります。だから、「自分を観る」という実践が必要になるのです。実践することで、自分という現象がどのように構成されているのかが、はっきりと表に出てしまいます。すると、「私は正しい」という気持ちは消えてしまうのです。

「自我は成り立たない」と発見することは、悟りの第一段階に達することなのです。

27日

「我」が次第に消えていく

「我」というものは幻覚です。

瞑想していくと、「我」という幻覚が次第に消えていきます。

そして、心がとても落ち着いてくるのです。

自我という幻覚を破ってゆくと、心が徐々に自由になるのです。

修行がすすめば、出しゃばりもなくなって謙虚になって、みんなの面倒をみながら、楽しくやっていけるようになります。

そうなると自分も幸せだし、まわりも喜びます。

28日 食事が瞑想になる

一日に一回でも、ゆっくり時間をかけて食べてみましょう。

食事する一つひとつの動作を、丁寧に丁寧に確認してみましょう。

「座る」「みる」「（箸を）取る」

「（口に）運ぶ」「（口に）入れる」

「噛《か》む」「味わう」「飲みこむ」

食べ物の感触を、よく味わうのです。

いままで味わったことのない安らぎの世界が広がることでしょう。

この食事の瞑想で心が育ち、落ち着いた人格になっていくのです。

29日 たった一切れで

ふだんの食事そのものを、瞑想として体験してみてください。

きっと新発見があります。いままで経験したことのない、食べ物の微細な味がわかります。

ニンジン一切れでも、食べる行為をよく確認しながらいただくと、素材本来の味・香り・感触が、びっくりするほど感じられます。

たった一切れでも、とてつもない幸福感、安らぎを与えてくれます。

体の細胞一つひとつが感動して、たちまち健康になるのです。

30日 ささいなところから落ち着く

ゆっくりと丁寧に食事をしていると、最初はいらだちが出てくるかもしれません。しかし諦めないで、実践してみるのです。

丁寧な食事ができるようになれば、人生のさまざまないらだちも、消えてしまいます。

日常のささいなことから、ひとつずつ落ち着きを体得していけば、人生はいつでも落ち着けるようになるのです。

31日 一杯の水を飲む喜び

水をちゃんと一杯飲むことを、「簡単なことだ」と思ってはいけません。無意味なことを考えながら、欲張って焦って水を飲むことなら、犬や猫でもやっています。

頭の中で、ことばできちんと動作を確認しながら飲んでみましょう。手を伸ばす、コップをもつ、口元に運ぶ、口に当てる、水を口に注《そそ》ぐ、コップを戻す、手を置く、水を味わう、飲み込む。また、手を伸ばす……。

このように、とてもスローに、十五分くらい時間をかけてやってみましょう。いまだかつて体験しなかったすばらしい発見がありますよ。

著者紹介
アルボムッレ・スマナサーラ（Alubomulle Sumanasara）
上座仏教（テーラワーダ仏教）長老。1945年4月、スリランカ生まれ。13歳で出家得度。国立ケラニヤ大学で仏教哲学の教鞭をとる。1980年に来日。駒澤大学大学院博士課程を経て、現在は日本テーラワーダ仏教協会で初期仏教の伝道と冥想指導に従事している。
主な著書に、『老いていく親が重荷ですか。』（河出書房新社）、『もう迷わなくなる最良の選択』（誠文堂新光社）、『人生はゲームです』（大法輪閣）、『怒らないこと』（サンガ）、『原訳「発句経（ダンマパダ）」一日一悟』（佼成出版社）、『般若心経は間違い？』（宝島社）、『ブッダの幸福論』（筑摩書房）などがある。

日本テーラワーダ仏教協会
http://www.j-theravada.net/

執筆協力――いちりん堂　池谷 啓

本書は、2008年7月にＰＨＰ研究所より発刊された作品に、加筆・修正を施したものです。

PHP文庫 ブッダの教え一日一話
今を生きる366の智慧

2017年1月18日 第1版第1刷
2025年3月27日 第1版第13刷

著者 アルボムッレ・スマナサーラ
発行者 永田貴之
発行所 株式会社PHP研究所
東京本部 〒135-8137 江東区豊洲5-6-52
ビジネス・教養出版部 ☎03-3520-9617(編集)
普及部 ☎03-3520-9630(販売)
京都本部 〒601-8411 京都市南区西九条北ノ内町11

PHP INTERFACE https://www.php.co.jp/

組版 株式会社PHPエディターズ・グループ
印刷所
製本所 大日本印刷株式会社

 ISBN978-4-569-76668-3

PHP文庫

中国古典一日一言

守屋 洋 著

先人の英知の結晶である中国古典――指導者の心得から処世の知恵に至るまで、ビジネスマンが気軽に読め、かつ実践に役立つ珠玉の言葉、３６５篇を平易に解説。

PHP文庫

愛と励ましの言葉366日

渡辺和子 著

愛されるためには、まず自分を愛すること——。喜びも苦しみも受容して自分らしく生きるために、心に「希望」と「強さ」をもたらす日々の言葉。

PHP文庫

［超訳］論語　自分を磨く200の言葉

岬　龍一郎　編訳

人生の教科書ともいえる不朽の名著『論語』。現代の荒波を力強く生き抜くための最適なメッセージを厳選し、かつてないやさしさで解説。